프리메이슨비밀의 역사

FREEMASONS
프리메이슨 비밀의 역사

진형준 지음

살림

프리메이슨의 역사는 피타고라스 학파까지 거슬러 올라간다.
피타고라스 학파의 신비주의자들은 인간이 신비 체험을 통해
우주 창조 비밀의 순간을 경험할 수 있다고 믿었다.

집을 짓는다는 것은 우주를 완성하는 것이고,

신전을 세우는 노동은 섭리에 가까이 가는 일이다.

프리메이슨 딘은 집을 짓는 행위를 신의 건축에 참여하는 섯으로 보았나.

성스러운 진리를 알고 있던 솔로몬 성전의 최고 감독관 히람 아비프.

기원전 10세기, 하람 아비프의 부활 전설은

그의 사라진 능력의 회복과 오래 전 사라진 우주의 지혜가

복원되길 바라는 인류의 희원을 담고 있다.

울면서 히람의 유해를 찾아 헤맨 전설 속 도제 아홉 명은

솔로몬 신전 근처에 머물던 템플 기사들의 숫자와 동일하다.

17세기, 과학은 인류 진보의 표상이었다.

많은 천문학자들이 별과 행성을 찾기 위해 하늘을 관찰했고,

건축 부문에도 뛰어난 성취를 이루었다.

이 같이 새롭게 부상한 다수의 신(新) 과학자들은 프리메이슨들이었다.

19세기 중반, 프랑스 프리메이슨 지부가

무신론자들과 여성들의 입회를 허용하면서, 프랑스 지부는

영국·스코틀랜드 프리메이슨들과 분리되어 독자적인 길을 가게 된다.

프리메이슨들은 역사적 사건에 그들의 흔적을 남겼고

문화·예술·정치 각 분야에 큰 영향을 미칠 수 있었다.

그들은 새로운 왕국을 건설한다는 공통 목표를 지니고 있었다.

솔로몬 성전의 총감독관 히람 아비프는

석공의 최고의 건축 비밀을 끝내 밝히지 않음으로써

자신의 부하들에 의해 살해당한다.

히람 아비프의 살해 재연은

프리메이슨 3급 통과 의식을 운용하는 데에 중심이 되는 의식이다.

후보자는 상징적 죽음의 의식을 치른 후에 깨어난다.

견습공 단계의 단원들은 비밀을 전수 받기 위해

상급의 프리메이슨 단원들이 묻는 질문에 답하는 과정을 거쳐야 한다.

의식에 사용되는 촛불은

입회자들이 어둠으로부터 빛의 세계로 옮겨가는 것을 상징한다.

한때 프리메이슨이 선술집이나 커피하우스 뒤편의

밀실에 숨어서 모임을 가졌던 시절이 있었다.

그러나 이후로 세력이 커지면서 프리메이슨들은

거대한 만찬 홀에서 집회를 하게 된다.

프리메이슨 단에 입단을 원하는 사람은

수련생, 숙련공, 거장으로 등급이 높아질 때마다

그 등급에 걸맞은 연장들과 상징을 부여받는다.

중세 연금술사들과 마찬가지로

변모하는 달의 이미지는

프리메이슨의 의식과 상징체계에서 중요한 의미를 갖는다.

야곱의 사다리가 신과 인간 세계를 이어주는 도구였던 것처럼,
프리메이슨의 상징에 자주 등장하는 사다리는
무지에서 앎으로의 지혜의 도약을 상징한다.

여러 세기에 걸쳐 프리메이슨들은
이집트의 애호자들로 묘사되고 있다.
상형문자, 오벨리스크, 피라미드는
그들의 상징체계의 중요한 특징이 되어 왔다.

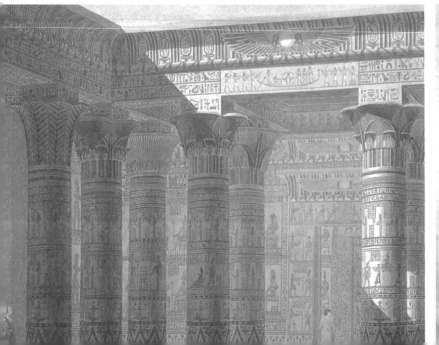

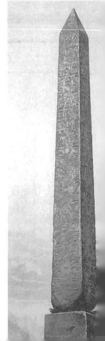

메이슨이라는 단어와

그것이 품고 있는 그 어떤 의미도 비밀로 간직하라.

직접적이건 간접적이건 그것을 글로 남겨서는 안 된다.

우리들이 남자, 여자, 아이, 막대기, 돌에 관해

비밀로 하라고 명한 것을 당신만이 간직하고 있어야 한다.

우리의 형제에게만 밝히거나 프리메이슨의 지부에서만 밝혀라.

– '돌의 비밀에 대한 서약' 중에서

    내 서가를 장식하고 있는 프리메이슨에 관한 제법 많은 책들은 내가 프리메이슨에 대하여 비교적 오래 전부터 관심을 가지고 있었음을 증명해준다. 물론 그 곁에는 연금술과 신비주의에 관한 책들도 어깨를 나란히 하고 있다. 상상력을 주로 공부해온 나로서는 어찌 보면 당연한 일이기도 하다. 상상력을 중심으로 서구의 역사와 문화를 바라본다는 것은 사실은 공식적인 입장을 뒤집어 거꾸로 그들의 역사와 문화를 바라본다는 것과 같은 뜻을 갖고 있기도 하다. 합리주의를 근간으로 하고 있는 그들의 역사와 문화에서 상상력은 억압이 되어 왔다. 그 억압된 것을 중심으로 그들의 역사와 문화를 바라본다는 것은 비공식적인 시각, 혹은 전복적인 시각으로 그들의 역사와 문화를 바라본다는 것과 같은 뜻이 아닌가?

    그때 서구의 연금술이나 신비주의가 내 눈길을 끈 것은 당연한 일이다. 그것들은 서구의 합리주의적 시선에 의해서 비합리적이고 비과학적이라고 억압되어 온 인식이다. 상상력을 중심으로 서구를 바라보면서 나는 연금술과 신비주의에 대하여 나름대로 체계적 인식을 가질 수 있게 되었고 나름대로 정리도 했다.

그리고 프리메이슨도 그와 비슷한 맥락에서 내 관심의 대상이 되어 온 셈이다. 그리고 어찌 보면 프리메이슨을 향한 호기심이 가장 컸다고 할 수도 있다. 때로는 신비주의적 믿음을 간직한 비밀결사단체로, 때로는 세계 지배의 음모를 꾸미는 무시무시한 음모집단으로 수많은 소설에 등장하는 프리메이슨. 그런가 하면 단순한 비밀결사단체가 아니라 인문학의 중요한 연구 대상으로도 등장하는 프리메이슨. 또한 프랑스 대혁명 및 미국 독립과 건국 등 역사적으로 중요한 사건에서 큰 영향력을 발휘한 것으로 소개되고 있는 프리메이슨. 프리메이슨에 대한 그러한 다양한 관심과 해석은 어떻게 가능한 것인지, 그 맥락을 밝혀내고 싶다는 생각은 늘 내 마음 한 구석에 자리를 잡고 있었던 것이다.

그러한 궁금증을 해결하기 위해 나는 내 서가를 장식하고 있는, 기존에 출간된 프리메이슨에 관한 책들을 읽기 시작했다. 그리고 책들을 읽어 가면 갈수록 내 스스로 프리메이슨에 대한 책을 하나 써야만 하겠다는 결심이 굳어졌다. 그 책들은 내가 알고 싶었던 맥락을 보여주기에 미흡했기 때문이었다. 가장 진지한 책들이라야 프리메이슨의 역사를 잡다하게 나열한 것이라든지, 신비주의에 대한 철학적이고 종교적인 해석의 한 부분으로 프리메이슨을 다룬 것이 전부였고 나머지는 프리메이슨을 열렬히 옹호하거나 열렬히 비판하는 두 입장 중 한 편에 서서 자신들의 치우친 시각을 드러내고 있을 뿐이었기 때문이다.

나는 내가 뒤진 자료들과 내가 읽은 책들을 바탕으로 해서 내 스스로 프리메이슨을 해석해보기로 마음먹었다. 이 책은 그러한 노력의 결과물이다. 그 노력 가운데 나는 18세기 영국에서 설립된 현대 프리메이슨이 중세의 프리메이슨을 한참 뛰어 넘어 저 고대 그리스의 철학자인 피타고라스와 어떤 의미에서 연결이 될 수 있는지, 더 나가 저 고대 이집트의 통과제의 의식과는 어떻게 연결이 될 수 있는지 그 맥락을 발견할 수 있었다.

또한 나는 종교적인 비밀결사단체인 프리메이슨이 어떻게 프랑스 대혁명이나 미국 건국 같은 역사적이고 정치적인 중요한 세계사적 사건과 관련되어 등장할 수 있는지 그 숨은 맥락을 밝히고 싶었다. 그 와중에 프리메이슨이 단순히 종교적 비밀결사단체가 아니라 서구 문화사와 정신사 전체에서 차지하는 의미와 맥락을 짚어낼 수 있었던 것은 아주 큰 소득이었다. 조금 과장한다면 그 과정에 마치 프리메이슨이 그토록 지키려 했던 비밀을 내가 구체적으로 경험하는 것과도 같은 즐거움을 맛보기도 했다.

마지막으로 나는 왜 프리메이슨 단이 그토록 부시부시한 음모 집단으로 일반인들에게 인식될 수밖에 없었는지 그 이유도 밝히고 싶어졌다. 그 결과 그러한 음모론 자체가 또 다른 음모의 결과가 아닌가 하는 생각까지도 하게 되었으며 또한 그러한 음모론을 계속 만들어내는 근본 원인을 인간의 내부에서 찾고 싶어졌다. 그런 의미에서 프리메이슨에 대한 음모론들을 유형별로 정리한 이 책의 3부는 '음모론을 낳은 음모'라는 소제목을 달아도 좋을 것이나.

프리메이슨은 지구상에서 가장 오래 유지되어 온 비밀 결사단체이다. 그들은 왜 그토록 오랫동안 은밀한 어둠 속을 자신이 머물 곳으로 삼았는가? 왜 밝은 곳으로 나오지 않았는가? 그들은 도대체 무슨 비밀을 그토록 오랫동안 간직해 온 것인가? 도대체 그 비밀이 주는 매력이 무엇이기에 프리메이슨 같은 비밀 결사단체들은 온갖 오해와 억측과 억압에도 불구하고 사람들을 그 안으로 유인하는가? 또한 그들은 그 비밀을 어떻게 전수해온 것인가? 그들은 왜 끝까지 비밀 결사단체일 수밖에 없는가? 그들이 끝끝내 버릴 수 없는 비밀이 무엇이기에 그들은 온갖 음모론에 시달리면서도 시원하게 자신들의 정체를 밝히지 못하고 그 음모를 견뎌야만 하는가? 그 질문에 대한 답을 모색하기 위해 우선 저 고대 그리스로부터 거슬러 올라가 보기로 하자.

CONTENTS

제1부

영원한 프리메이슨

14세기 프랑스에서 그려진 석공 그림.
기둥 왼편의 석공들은 프리메이슨의 대표적인 상징물인 삼각자와 컴퍼스를 들고 있다. 프리메이슨에 있어 이들 석공들의 연장은 단순한 측량 도구가 아니라 우주 창조의 비밀을 밝혀주는 도구이다.

프리메이슨 단의 원조는 피타고라스

프리메이슨에 입단하고자 하는 사람이 신입 도제가 된 후에 프리메이슨의 비밀을 잘 지키고 예절 바르게 행동하는 등 입단시의 서약을 잘 준수하면서 프리메이슨 단이 되기 위해 필요한 기본 공부를 마치게 되면 다음 단계인 숙련공이 될 준비가 된 것으로 간주된다. 숙련공이 되어야 비로소 프리메이슨에 정식 입문을 한 것이라고 볼 수 있는 것이다.

그가 숙련공의 자리에 오르기 위해서는 일련의 의식을 치러야 한다. 그는 여러 의식을 거치면서 동시에 여러 가지를 새로 배우게 되는데 그 중 하나가 기하학이다. 기하학은 프리메이슨의 기본이다. 잘 알다시피 기하학의 원조는 피타고라스이다. 프리메이슨 의식에서 기하학을 강조하는 것은 기하학은 단순한 측량술이 아니라 우주 창조의 원리로 우리를 안내할 수 있는 학문이리는 전통적 믿음에서 기인하는 것이다.

지부장은 숙련공에게 이렇게 묻는다.

"피타고라스의 가르침에서 우리는 어떤 점을 발견하게 되는가?"

그러면 숙련공은 대답한다.

　　"피타고라스는 모든 제자들이 서로에 대해 비밀을 유지하고 사랑과 신뢰를
　　실천하도록 요구했습니다. 그리고 비밀 신호로 서로를 알아보게 하였고 능력
　　과 지식에 따라 계급을 나누었습니다."

　　요컨대 비밀을 지킬 것, 형제애를 가지고 실천할 것, 프리메이슨 단
내의 서열을 인정할 것 등 프리메이슨 단의 기본 준칙은 모두 피타고라
스의 가르침에서 기인한다는 것을 배우게 되는 것이다. 직각 삼각형에
서 직각을 낀 두 변의 제곱의 합은 다른 변의 제곱의 합과 같다는 '피
타고라스의 정리'로 유명한 피타고라스가 어떤 인물이기에 그 머나먼
고대의 인물의 가르침이 오늘 날의 프리메이슨 지부 내에 그대로 이어
져 오는 것일까?
　　기원전 6세기(기원전 592-572 사이)에 그리스의 이오니아 지방에 있
는 작은 섬인 사모스에서 태어난 피타고라스는 우리가 알고 있는 단순
한 기하학자가 아니다. 그는 신비주의 철학자이고 정치가이고 자연 과
학자였으며 48회 올림픽 격투기에서 입상을 한 스포츠맨이기도 했다.
그 시기는 지구 전 지역에 걸쳐 위대한 개혁자들이 출현해서 비슷한
교리를 일반화하고 대중화한 시기이기도 했다. 중국에서는 노자가 출
현해서 일종의 신비주의 철학인 노장 사상을 대중에게 전파했으며 석
가모니는 갠지스 강가에서 민중들에게 불법을 설파했다. 인류 역사의
어느 시기에 이르게 되면 하나의 신비스러운 기운이 전 인류를 관통해

서 흐르게 되는 법이던가? 어쨌든 피타고라스는 단순
한 기하학자가 아니라 인류의 위대한 선지자의 반열에
오를 수 있는 위대한 인물이었으니 그의 그 위대한 정
신은 오늘날의 프리메이슨의 의식(儀式)속에 생생하게
살아있다.

　그의 생애에서 가장 중요한 사실 중의 하나는 그가
이집트의 파라오의 신전에서 22년에 걸쳐 이집트의 통
과제의 의식(통과제의에 대해서는 다음 장에서 알아보기
로 하자)을 거쳤다는 사실이다. 그리고 그의 학문과 깨
달음의 기초는 그 기간에 모두 이룩된다. 이집트에서
의 통과제의 의식을 통해 깨달음을 얻은 그는 아프리카

와 아시아를 여행하고 멤피스의 신전과 바빌론을 방문해 그들의 정치와 종교를 경험하면서 깨달음을 완성하고 교리를 완성한다. 그런 후 그는 이탈리아 남부에 있는 크로톤이라는 도시에 정착한다. 당시 크로톤은 그리스의 식민지였다.

피타고라스가 그리스를 떠나 크로톤에 정착한 것은 계획이 있어서였다. 그는 자신이 설립한 교리를 제자들에게 가르치는 것에서 만족하지 않고 그 원칙을 젊은 이들의 교육과 국가 경영에 적용하려는 포부를 갖고 그 포부를 실현하기 위해 크로톤을 택한 것이다. 실제로 그는 그곳에 학교를 세우고 그로 인해 피타고라스 학파가 탄생한다.

그가 크로톤에 세운 학교는 오늘날의 학교와 비슷한 점도 있지만 다른 점이 더 많다. 그 학교에서는 물론 오늘날의 학교처럼 학문적 지식을 가르친다. 하지만 그 학

이탈리아 반도의 항구도시 크로톤.
피타고라스는 피타고라스 학파를 중심으로
크로톤에 정치 개혁을 단행한다.

교의 핵심은 거기에 있지 않다. 그 학교의 학생들은 모두 통과제의 의식을 통과해야만 했으니 통과제의를 무사히 거쳐야만 졸업 자격이 주어졌던 것이다. 그 통과 제의를 통해 입문자, 즉 학생은 일련의 시련을 거쳐 영혼의 존재를 알게 되고 정화 의식을 통해 새로운 삶을 경험하게 되며 숫자의 신비를 깨닫는다. 그리고 우주 창조의 비밀에 동참하게 되고 신성한 삼위일체를 경험하게 된다. 그것은 성직사회에만 존재하던 통과제의 의식을 일반인에게 적용한 최초의 시도였다.

'피타고라스의 정리'를 소개한 중세의 일러스트.

그리하여 피타고라스 학파 회원들은 우주의 비밀과 종교적 비법을 공유한 동지들이 된다. 그들은 깨달음을 얻은 자들만의 특별한 집단이 되는 것이다. 그들은 비밀을 공유한 사람들의 집단 즉 비밀집단이 되는 것이다.

하나만 더 흥미로운 사실을 이야기하기로 하자. 그것은 그들이 바로 크로톤의 지도자가 된다는 것이다. 피타고라스는 피타고라스 학파를 중심으로 크로톤의 정치에 일대 개혁을 단행한다. 크로톤은 당시 귀족 정치 제도를 유지하고 있었다. 귀족들로 구성된 1천인 의회가 입법권을 행사하면서 행정부를 감시했다. 민의회도 존재했지만 그 권한은 극히 제한되어 있었다. 그런데 피타고라스는 1천인 의회라는 정치적 권력 기관 위에 다시 300인 의회를 두는 개혁을 단행한 것이다. 그는 1천인 의회 의원 중에서 우수한 인재를 뽑은 후 자기 학교의 통과제의를 통과한 인물을 보충하여 그 의회를 구성했다. 그가 꿈꾼 국가는 성직자들이 공유하고 있는 정신적인 가치를 국가와 정치의 우두머리에 두는 국가였던 것이다. 플라톤의 국가론에 나오는 저 유명한 철인정치의 모델은 바로 피타고라스가 꿈꾸었던 정치를 말한다. 그때의 철인이란 사변적인 철학자를 일컫는 것이 아니라 깨달음을 얻은 자를 일컫는 것이다. 300인 의회는 바로 그 철인들로 구성된 의회로서 그 의회는 정치적이면서 과학적이고 또한 종교적인 모임이었다.

피타고라스가 세운 그 정치 모델은 크로톤에서는 20여 년 정도밖에 지속되지 못한다. 피타고라스 학교에서 쫓겨난 실론이라는 자의 선동으로 민중 봉기가 일어나게 되고 피타고라스가 세운 정치 제도는 무너진다. 하지만 피타고라스의 영향력은 대단했으니 피타고라스 학파는 피타고라스 사후에도 계속해서 발전을 이룩하면서 수많은 제자와 신봉자들이 생겨 그 세력을 확장한다. 그리하여 피타고라스 교단이라고 부를 수 있는 진정한 하나의 종교 교파가 형성된다. 그렇게 세력을 확장하던 피타고라스 교단은 기원전 450년 경 큰 수난을 겪는다. 그리스 사회정화라는 명복 하에 그 교파의 공식적인 수장들이 모두 학살되는 것이다. 하지만 그것으로 그 맥이 끊어진 것이 아니니 시저와 그의 뒤를 이은 로마 황제들 치하에서 다시 부흥하여 기원 전 1세기경에는 이탈리아에 확실히 뿌리를 내린다. 피타고라스 교단의 의식들이 공공연히 화려하게 거행되고 일종의 민간신앙의 차원에까지 이르게 된다. 하지만 이후 피타고라스 교단은 정통 기독교 교리가 확립되면서 신비주의가 꺾게 되는 운명과 같은 길을 걷게 된다.

피타고라스 교단의 교리에서 우리가 발견할 수 있는 흥미로운 점은 한두 가지가 아니다. 그 중 우리의 눈길을 끄는 것은 여러 가지 점에서 불교의 교리와 흡사한 점이 발견된다는 것이다. 윤회 사상이 등장하며 윤회의 고리에서 벗어난 천국의 개념이 등장한다. 또한 통과제의를 통해 우주의 비밀과 한 몸이 되어 진정한 깨달음에 도달한다는 개념은 불교의 해탈이나 열반의 경지와 너무나 흡사하다. 지상의 인간이 통과제의를 통해 신성한 존재를 만날 수 있고 신성한 존재가 될 수 있다는 피타고라스 교단의 교리는 신비주의의 교리를 대변하는 것이기도 하지만 동시에 '네 안에 부처가 있다'는 석가의 말씀과 얼마나 가까운가!

크로톤에서 정치와 교육과 종교의 일치를 꿈꾸고 그것을 실행했던 피타고라스는 자신의 교리를 설파할 대상으로서의 청중, 자신의 교리를 배우는 제자, 그리고 그가 물리학자라고 부른 통과제의 통과자들을 엄격히 구분했다. 일반적인 신자와 사회 정치 영역에서 신계로 활동하는 피타고라스 주의자들, 깨달음을 얻은 지도자들 사이의 세 등급은 언제나 존재했던 것이다. 그것은 깨달음을 얻은 후의 세계와 그렇지 않은 세계 사이에는 엄연히 질적인 차이가 존재한다고 생각

'피타고라스의 정리'를 나타내는 18세기 그림.
이 그림의 중앙 하단에는 '피타고라스의 정리'를 나타내는 도형이 그려져 있다.

했기 때문이었다. 프리메이슨 단에 수련생, 숙련공, 거장(지부장)의 세 등급이 확실하게 존재하는 것은 바로 피타고라스의 교리와 정확하게 일치한다.

또한 피타고라스는 개인 자산을 자발적으로 공동소유로 내놓는 사람들을 진정한 제자로 인정했다. 또한 형제는 또 다른 자신이라고 그는 늘 말했다. 깨달음, 즉 비밀을 공유하게 되면서 그들은 기존에 지니고 있던 신분이나 재산 등과는 무관한 새로운 존재가 되는 것이며 그 새로운 존재로서 연대감을 느끼게 되는 것이다. 프리메이슨 단 입단 의식에서 재산을 포기하는 상징적인 의식을 행하며 그들이 단원들 간의 형제애를 으뜸 원칙으로 삼는 것은 프리메이슨 단이 피타고라스의 교리를 지금도 충실히 수행하고 있음을 보여주고 있다.

피타고라스 교파는 애초에는 비밀 결사단체가 아니었다. 적어도 크로톤에서는 공식 교육기관이었던 셈이다. 비밀을 가르치는 공식 교육기관. 그 교파가 비밀 결사단체가 된 것은 그 교파의 활동이 탄압과 박해를 받고 지하로 들어갈 수밖에 없었기 때문이다. 피타고라스 교파 같은 신비주의자들은 비밀의 존재를 믿는다. 아니 비밀의 존재를 믿는 것이 아니라 인간이 우주 창조의 비밀의 순간을 경험할 수 있다고 믿는다. 그리고 그것을 체험하는 것을 지상의 목표로 한다. 그러한 믿음이 공식적인 믿음이고 그러한 목표가 공식적인 목표로 된다면 피타고라스 교단이 비밀결사단체가 될 이유가 없다. 피타고라스의 교리를 따르는 프리메이슨 단이 비밀결사단체가 될 수밖에 없었던 것은 그 믿음이 용납되지 않는 사회에서 그 믿음을 간직하고 있었기 때문이다.

그리고 그 믿음을 간직한 일군의 사람들이 중세에 프리메이슨 단을 결성한다. 바로 중세의 석공 조합원들이었다.

고대 바벨탑과 도시에 대한 건축 구상을 하고 있는 석공들.
여러 가지 역사적 정황을 들어 많은 프리메이슨 연구가들은 바벨탑도 석공들이 고안해낸 산물일 것으로 짐작한다.

프리메이슨이라는 단어가 등장한 것은 14세기에 이르러서이다. 그 단어가 무슨 뜻인가에 대해서는 여러 가지 견해가 존재해 왔지만 자유로운 석공(Free stone mason)이라고 간주하는 것이 가장 간단한 정설이다. 즉 프리메이슨 단은 역사적으로 보면 건축을 할 때 돌을 다루던 석공들의 조직이었던 것이다. 그렇다면 왜 자유라는 이름이 붙은 것일까? 돌로 건축을 한다는 것이 그들에게는 무슨 의미를 갖는 것일까? 어떻게 하여 그들에게 신비주의적 가르침이 전해지게 된 것일까?

프리메이슨 의식에서 숙련공 단계를 거쳐 최후의 등급인 거장 등급에 오르기 위해서는 숙련공 단계에 오를 때보다 훨씬 엄격한 서약을 하게 된다. 비밀을 지킬 의무가 따르는 것은 물론이고 도덕적인 행동을 하겠다는 서약을 하며 형제애를 발휘할 것을 서약한 후 거장으로서의 그 의무를 어긴다면 '제 몸을 갈라 내장을 꺼내 태우고 그 재를 사방의 바람에 날려 보내 한 점의 기억도 남지 않는 벌을 기꺼이 받을 것입니다. 신이여, 저를 도우시어 꾸준히 해야 할 바를 다하게 하소서'라고 서약을 맺는다. 그러고 나면 그에게 거장 신분임을 보증하는 앞치마를 주게 되는데 그때 지부장은 다음과 같은 말을 하게 된다.

솔로몬 왕의 신전 건축 때부터 일꾼들은 앞치마 입는 방법으로 서로를 구분했다는 점을 이미 알고 있을 것입니다.

숙련공의 단계에서는 피타고라스의 가르침을 상기시켰다면 거장의 단계에서는 솔로몬 왕의 신전 건축을 상기시키는 것이다. 여기에는 아주 중요한 전설 하나가 관련되어 있다. 바로 히람의 전설이다.

히람 아비프의 전설

프리메이슨의 기원을 이야기할 때면 언제나 등장하는 것이 성서에 나오는 히람의 이야기이다. 그 이야기는 살인과 복수의 이야기이다. 신입회원이 의식을 치르면서 세 번에 걸쳐 복수, 복수, 복수라고 외치는 프리메이슨 지부가 상당수 있으며 그것은 모두 히람의 전설과 연관이 있다. 그것이 프리메이슨 단이 피의 음모를 꾸미는 사악한 집단이라는 오해를 불러일으키는 중요한 요인의 하나이다. .

이야기는 성서의 〈역대 하〉 3장 첫 줄에서 시작된다. 예루살렘의 솔로몬 왕은 그의 치세 4년 둘째 달 둘째 날에 모리아 산에 성전을 지으라는 명령을 내린다. 그리고 성전을 건축할 최고의 기장을 보내줄 것은 친구인 두로의 왕에게 부탁한다. 두로의 왕은 히람 아비프를 보낸다. 성경에는 그가 귀금속을 다루고 성전의 금은 장식을 만들었고 야긴과 보아스라고 불리는 기둥 한 쌍을 만들었다는 정도의 이야기만 나오지만 실은 그는 그 성전 건축의 총감독이었다고 보는 것이 옳다. 성전 건축의 총감독이었던 그는 신전 건축에 참여한 사람들에게 도제, 숙련공, 거장의 직급을 부여할 수 있는 권한을 지니고 있었다.

솔로몬 성전의 총감독관인 히람 아비프의 죽음을 묘사한 그림.

전설에 의하면 신전 공사가 마무리 될 즈음 숙련공 열다섯 명이 히람을 위협하여 거장의 등급으로 올라가자는 음모를 꾸몄다. 신분이 상승하면 보수가 많아질 수 있고 다음 일 자리에서도 대접을 잘 받을 수 있었기 때문이다. 열 두 명은 도중에 포기했지만 주벨라, 주벨로, 주벨룸이라는 세 명은 결국 이를 실행한다. 그들이 요구를 히람이 거부하자 그들은 히람을 살해한다. 살해에 쓰인 무기는 자와 곡척자와 나무 망치였다. 뒤에 다시 살펴보겠지만 그것들은 모두 프리메이슨의 중요한 상징들이다.

결국 그 세 명의 배반자는 체포가 되고 각기 죽으면서 이렇게 외친다. 먼저 주벨라의 외침.

히람 살해에 가담하기보다는 차라리 목이 잘리고 혀가

뽑힌 채 하루 두 차례씩 파도가 들고 나는 해안 모래밭에 묻히는 편이 나았을 텐데!

다음으로 주벨로의 탄식.

히람 살해에 가담하기보다는 차라리 왼쪽 가슴의 심장이 뜯긴 채 독수리 밥이 되는 편이 나았을 텐데!

마지막으로 주벨람의 탄식.

아, 히람 살해에 가담하기보다는 차라리 내 몸이 둘로 잘려 한 쪽은 남쪽에 다른 쪽은 북쪽에 보내져 내장을 태우고 그 재가 바람에 날려 흩어지는 편이 나았을 텐데!

이들의 탄식은 프리메이슨의 의식에서 비밀을 누설하면 스스로 벌을 받아들이겠다고 서약할 때의 내용과 흡사하다. 그리고 그 형벌은 마치 신화에서 신의 명을 거역한 죄로 신화 속의 인물들이 받은 형벌처럼 보이기도 한다. 인간에게 불을 훔쳐다 준 죄로 코카서스 산정에 쇠사슬로 묶인 채 간을 독수리에게 쪼아 먹히는 형벌을 받은 프로메테우스, 죽음의 신 하데스를 농락한 죄로 영원히 바위를 언덕 위로 굴려 올리는 형벌을 받은 시지포스, 데메테르 정원의 나무를 벤 죄로 아무리 먹어도 계속 허기에 시달리는 벌을 받은 에리직톤 등이 받은 형벌을 그들은 자청하고 있는 것이다. 그 벌은 신들이 내린 벌이라는 의미에서

18세기 예술가에 의해 묘사된 솔로몬의 성전.
성전은 신을 만날 자격이 있는 자에게만 출입이 허용된 공간이다. 솔로몬의 성전은 그것의 강력한 비유성과 상징성 때문에 프리메이슨과 관련하여 오랜 역사를 통해 학자들의 연구 대상이 되었다.

천벌이다. 그들은 히람을 죽임으로써 하늘의 명을 거역한 셈이 되는 것이다. 프리메이슨 의식에서 비밀을 누설하지 않겠다는 서약을 하는 것은 그들이 저지른 죄를 범하지 않겠다는 서약을 하는 것과 같다.

프리메이슨이 채용한 히람의 전설은 거기에서 그치지 않는다. 히람의 사체는 마을 밖 미모사 가지 아래 묻힌다. 아홉 명의 도제들이 울면서 그의 유해를 찾아 나선다. 그들은 미모사 가지 표지 덕분에 히람의 유해를 발견하게 되고 미모사 가지 아래서 히람은 부활한다. 미모사 가지는 프리메이슨이 중요시하는 상징의 하나로서 한 겨울에도 꽃을 피우고 푸르름을 잃지 않는 부활의 상징이다. 히람이 솔로몬 성전의 총감독이었으며 그가 배반에 의해 죽음을 당했다가 부활했다는 것은 프리메이슨이 간직하고 있는 비밀, 그들에게 이어져 오는 비밀의 핵심을 이룬다.

집을 짓는 것은 우주를 건설하는 것이다.

건물을 짓는다는 것은 단순히 거주할 공간을 만드는 것 이상의 의미를 지닌다. 신전, 혹은 사원을 짓는 것은 더욱 그러하다. 신전은 왜 짓는가? 신들이 사는 공간을 짓고 거기서 신을 만나기 위해서가 아닌가? 신전은 기본적으로 교회와도 다르다. 교회는 일반 대중을 위한 공간이다. 하지만 신전은 신을 만날 자격이 있는 자에게만 출입이 허용되는 곳이다. 그곳은 일반 대중의 출입이 금지된 성소이며 세속과는 단절된 공간이다. 신전은 영어로 temple이다. 그 단어의 어원은 그리스어 테메노스temenos, 라틴어 템플룸templum인데 그 단어들에서 tem은 단절을 의미한다. 고대의 신전은 그것이 유대의 신전이선 그리스의 신전이건 로마의 신전이건 집회를 위한 공공장소가 아니었다. 그곳은 하늘의 비밀을 간직한 특별한 장소, 외부와는 격리된 장소였다. 이런 비유가 가능하다면 그곳은 도를 닦는 도장이라고 보아도 된다. 절을 예로 들어보자. 지금은 누구나 절의 출입이 자유롭지만 본래 절은 일반인의 출입이 어려운 금단의 장소였다. 일반인의 사찰 출입이 자유로운 오늘날도 스님이 수도를 하는 장소는 일반인의 출입이 금지되어 있지 않은

가. 신성한 장소를 속인이 더럽히면 안 되기 때문이다.

 사실 프리메이슨 단의 모든 의식은 건축을 중심으로 행해진다. 프리메이슨 단의 모든 의식이 왜 건축을 중심으로 하고 있는가를 이해한다면 실은 프리메이슨 단에 대해 거의 모든 것을 이해한 것과도 같다. 프리메이슨 단은 집을 짓는다는 것을 신의 건축에 참여하는 것으로 생각했다. 집을 짓는 것은 우주를 건설하는 것과 같다. 그렇기에 그 일에는 아무나 참여할 수 없었다. 그저 선량하기만 한 일반인은 거기에 참여할 자격이 없다. 신전을 세우는 작업은 영혼을 완성하는 것과 같은 일이며 노동은 신의 섭리에 가까이 가는 일이다. 그렇기에 모든 상징의 의미를 이해할 수 있고 자신이 다루는 돌과 도구에 깃든 신성한 의미를 알고 있는 자만이 참여할 수 있다.

그래서 프리메이슨은 다음과 같은 다짐을 하기도 한다. 그것은 일종의 돌의 비밀에 대한 서약이다.

> 메이슨이라는 단어와 그것이 품고 있는 그 어떤 의미도 비밀로 간직하라. 직접적이건 간접적이건 그것을 글로 남겨서는 안 된다. 우리들이 남자, 여자, 아이, 막대기, 돌에 관해 비밀로 하라고 명한 것을 당신만이 간직하고 있어야 한다. 우리의 형제에게만 밝히거나 프리메이슨의 지부에서만 밝혀라.

그 선서에 의하면 집을 짓는 작업도 신성한 것이고 돌도 신성한 것이다. 그렇기에 프리메이슨이라는 단어에서 '자유로운'을 뜻하는 '프리'라는 단어는 작업을 하는 사람을 의미하기도 하고 그 돌을 의미하기도 한다. 집을 짓는 사람은 속된 구속으로부터 자유로우며, 집을 짓는데 사용된 돌은 신성이 깃들 수 있도록 부드럽고 자유롭게 변형이 가능한 특별한 돌이어야 한다. 따라서 석공은 비밀이 깃든 신성한 돌을 다루는 특별한 사람이 된다.

실제로 고대 종교 건축물을 세울 때는 이런 특별한 작업을 수행하기 위해 엄격한 원칙을 지켜야 했다. 바로 피타고라스가 지혜의 상징으로 간주한 정삼각형의 돌을 사용해야 한다는 원칙이다. 그 돌은 삼위일체의 돌이다. 그리고 그 삼각형을 하나의 원 안에서 겹쳐 놓아 만들어지는 12각형이 모든 건축의 토대가 되어야 한다는 것도 중요한 원칙의 하나였다. 12각형은 천체의 모든 변화를 담고 있는 기하학적 도형이기 때문이다. 그것은 삼위일체의 비밀과 그 운용의 비밀을 터득해야만 종교건축물을 세울 자격을 얻을 수 있다는 사실을 확인할 수 있게 해주는 원칙이다.

중세 건축가 조합인 프리메이슨은 단순한 노동자들의 조합이 아니었다. 그들은 아주 귀족적인 건축가들이며 정신적, 도덕적, 기술적 덕성을 증명할 수 있는 고도의 자격을 갖춘 거장들의 집단이었다. 그들은 돌의 조각가이며 가장 능란하고 역량이 있는 거장들이었다. 그들은 정신이 자유로운 사람들이었으며 자신의 기예에 의해 무지에서 해방된 사람들이었다. 피타고라스 학파에서 통과제의를 거친 다음 국가의 지도자가 된 사람들과 같은 반열에 오를 수 있는 사람들이었으며 좀 과장되게 말한다면, 신이 우주를 설립한 건축가라는 의미에서, 그들은 신의 반열에 오른 사람들이었다고 볼 수도 있다.

그렇다면 우리는 역사적으로 더 거슬러 올라가 이런 이야기를 할 수 있게 된다. 돌로 이루어진 이집트의 저 거대한 축조물 피라미드는 노예들이 건설한 것이 아니었다. 피라미드는 고도의 자격을 갖춘 사상들의 창조물이었다. 또한 중세의 종교적 건축물들도 컴퍼스, 직각자, 자를 사용할 줄 모르는 단순한 석공들이 세운 것이 아니라 그런 능력을 갖춘 프리메이슨의 작품이었다. 신의 작품과 같은 건조물을 세울 수 있는 비밀을 알고 있는 프리메이슨의 작품.

다시 히람의 전설로

다시 히람의 전설로 돌아가서 그 의미를 살펴보기로 하자. 솔로몬이 세우기로 결심한 신전은 '인류 전체를 위한 신전'이다. 그 신전을 세우는 것은 우주 창조라는 거대한 신의 역사를 다시 재현하기 위한 것이다. 히람 아비프는 그 성스러운 작업을 총지휘한 인물이다. 그는 비밀 중의 비밀, 성스러운 진리를 알고 있고 지니고 있던 인물이었으며 자신의 영적인 성전을 완성한 인물이었다. 그런 인물이라야 그 성스러운 작업을 총 지휘할 자격이 주어질 수 있으므로.

그렇다면 그를 살해한다는 것은 단순히 한 개인을 살해하는 범죄가 아니라 인간 세상에 존재하던 그런 성스러운 능력을 사라지게 만든 인류적 차원에서의 범죄가 된다. 히람 부활의 전설은 그 사라진 능력의 회복을 바라는 간절한 희원을 담고 있다. 그래서 프리메이슨 단의 거장에게는 히람 전설의 특징이 그대로 들어가 있다.

히람은 두로 왕의 분신이면서 솔로몬왕의 벗이고 능숙한 거장이면서 건축의 총감독이다. 프리메이슨 단의 의식에서 서장의 지위에 오르려면 히람이 지니고 있는 그 모든 특징들을 자기의 것으로 만들 수 있다는 서약을 해야 한다. 또한 거장의 지위에 오르기 직전에 히람이 살해되던 장면을 반복하듯이 후보자의 머리를 자와 직각자와 망치로 때린다.

그것은 상징적 죽음을 의미하며 그 죽음의 의식을 통하여 거장은 다른 존재로 부활한다. 프리메이슨 단의 의식은 히람의 건설을 둘러싼 배반과 암살과 부활의 신화를 그대로 차용함으로써 그들이 지향하는 바와 그들이 지키고자 하는 비밀을 암묵리에 드러내고 있다. 이제 그 안으로 조금 깊숙이 들어가 볼 때가 되었다. 하지만 그 전에 잠깐 한 가지만 더 살펴보기로 하자. 바로 저 유명한 템플 기사단에 관한 이야기이다.

템플 기사단과 프리메이슨

히람의 전설에서 우리는 이미 프리메이슨이 신전 건축과 긴밀하게 관련되어 있다는 것을 알았다. 그리고 신전 건축에 참여하는 것 자체가 그 건축과 관련된 비밀을 공유하는 것을 의미한다는 것도 확인했다. 따라서 건축가들의 조합이었던 중세의 프리메이슨 단이 그 비밀을 간직하고 있었던 것은 자명한 일이다.

그런데 현대 프리메이슨의 의식에 어떻게 템플 기사단을 상징하는 이시이 합류하게 된 것인까? 템플 기사단을 딘내 프리베이슨의 기원과 연관 짓는 시각은 어떻게 생긴 것일까? 템플 기사단에 대한 대학살이 벌어졌을 때 몸을 피해 스코틀랜드에 숨어 있던 템플 기사단원들이 프리메이슨이 되었고 그것이 현대 프리메이슨의 가장 큰 조직의 하나인 스코틀랜드 지부의 원조가 되었다는 주장은 어떻게 해서 나오게 되는 것일까?

템플 기사단은 십자군 원정이 한창이던 1118년 프랑스에서 조직된

영국 런던 템플 교회에 안치된 템플 기사단의 묘.
아홉 명의 템플 기사단은 히람이 총감독을 맡았던 솔로몬의 신전 근처에서 머무름으로써, 프리메이슨과의 연관되어 많은 의혹이 제기됐다.

기사단이다. 그들은 예루살렘 순례 행렬을 이슬람의 공격으로부터 보호한다는 목적으로 조직된 기사단이다. 그들은 청빈한 삶을 서약하고 '그리스도와 솔로몬 신전의 가난한 기사들'이라는 이름을 부여받는다. 그 기사단의 인원은 모두 아홉 명이었다.

템플 기사단이 의혹의 대상이 된 것은 어떻게 아홉 명으로, 그것도 성직자 출신의 기사들로 구성된 기사단이 예루살렘 순례 행렬을 보호한다는 임무를 수행할 수 있었겠느냐는 이유에서였다. 더욱이 그들이 예루살렘에 입성한 후 솔로몬 성전의 폐허 근처 '솔로몬의 마구간'이라고 불리는 곳에 머물렀다는 사실이 의혹에 부채질을 했다.

그들은 순례 행렬을 보호한다는 미명하에 다른 목적을 가지고 있던 것은 아니었는가? 그들은 솔로몬 성전의 폐허에서 그 무언가 비밀스러운 것을 찾아낸 것이 아니었는가? 과연 그들이 그곳에 간 목적은 무엇이고 그들이 찾은 것은 무엇인가? 이런 의혹을 둘러싸고 온갖 추측이 난무했다.

그 의혹에 불을 지른 것이 템플 기사단 대학살 사건이다. 예루살렘 순례 이후 템플 기사단은 번영을 누린다. 국제적인 금융업에 종사하며 13세기 중반 유럽 금융 시장의 중심부로 떠오르는가 하면 어마어마한 영지와 성채, 어마어마한 기사와 성직자를 보유한 대 집단이 된다.

그런데 14세기 초, 보다 정확하게는 1307년 프랑스 왕 필립 4 세의 명에 의해 템플 기사단은 대학살을 당한다. 그들은 왜 대학살을 당할 수밖에 없었던 것일까? 혹시 이전에 솔로몬 성전에서 가져온 비밀 때문에 학살당한 것은 아닌가?

탐욕스럽던 당시 프랑스의 왕 필립 4세가 템플 기사단에게 진 빚에 허덕이게 되자 그들의 재물을 탐내어 대학살을 감행한 것이라고 말하는 사람들도 있지만 과연 대학살을 통해서만 그 재물을 취할 수 있었기 때문일까? 다른 방법이 얼마든지 있지 않았을까?이런 의혹들은 쉽게 풀릴 수 없는 의혹들이다. 우리는 우리의 방식으로 그 의혹에 십근해 보자.

여기서 다시 프리메이슨 단의 의식에 등장하는 '복수, 복수, 복수'라는 구호를 상기해볼 필요가 있다. 그것은 히람이 살해된 데 대한 복수를 의미한다. 그들이 그 복수를 맹세하는 것은 히람의 살해가 단순한 살해가 아니라 '성스러운 진리를 지니고 있으며 자신의 영적인 성전을 완성한 인물'의 살해의 의미를 띠기 때문이다. 히람의 살해는 신비주의가 추구하는 비밀을 이 세상에서 없애버린 것이 되기 때문이다.

그렇기에 그 복수는 히람을 살해한 자에게 위해를 가하는 복수라기보다는 그 복수를 통해 잃어버린 히람의 권능을 되살린다는 의미도 동시에 지닌다. 히람을 되살리는 것, 그것이 바로 그 복수의 의미이다. 히람의 전설에서 히람이 부활한다는 것을 우리는 이미 확인한 바 있지 않은가?

거기다 한 가지 더 덧붙이기로 하자. 솔로몬 신전은 성서에 묘사되어 있듯이 기원전 586년에 바빌론의 느브갓네살 왕의 침공으로 흔적도 없이 파괴되고 단지 그 묘사만 남는다. 그리고 기원전 538년에 조로바벨에 의해 재건되었다가 서기 70년에 로마의 침공으로 완전히 파괴된다.

그렇다면 템플 기사단은 혹 그 복수를 위해 나선 기사단이 아니었을까? 그렇기에 그들은 성직자로 이루어진 기사단일 수밖에 없었던 것이 아니었을까? 영적인 권능, 신비주의의 비밀을 되살리려한다는 의미에서 성직자이며 복수를 통해 히람을 되살리려는 의지를 지녔기에 기사였던 것이 아닌가? 복수는 기사의 칼이 있어야 이룩될 수 있는 것이 아닌가?

실제로 9명이라는 그들의 숫자는, 울면서 히람의 유해를 찾아 헤맨 히람 전설에서의 9명의 도제의 숫자와 그대로 일치한다. 더욱이 그들이 머문 곳은 히람이 총감독을 맡았던 솔로몬 신전 근처이다. 그들은 히람이 묻혀 있는 징표인 미모사 가지를 찾아 그곳에 머문 것이 아니었을까? 그곳을 찾아 프리메이슨의 비밀을 되살리려 한 것은 아니었을까? 그래서 사라져버린 솔로몬 신전을 다시 세우려고 한 것은 아니었을까?

어쨌든 1307년 10월 13일 왕실의 집행관들이 파리의 템플 기사단 본부에 들이닥쳐 기사들을 체포한다. 기사들은 온갖 고문을 당하며 그들이 이단적인 믿음을 갖고 있고 악마를 숭배하며 온갖 타락한 짓을 저질렀다는 고백을 강요받는다.

마녀 사냥이 그러했듯이 고문에 의해 죽거나 자백에 의해 죽거나 이

자크 드 몰레의 죽음.
템플 기사단의 최후의 수장 자크 드 몰레는 이단으로 몰려 파리 노트르담 성당 아래 센 강에서 화형 당한다.

래도 죽음, 저래도 죽음이었다. 성전 기사단의 우두머리였던 자크 드 몰레는 고문을 못 이겨 죄를 인정한다. 그는 곧 고백을 철회하기는 했지만 한 번 고백한 것으로 그만이었다. 1312년 그는 다른 기사들과 함께 파리 노트르담 성당 아래 센 강에서 화형에 처해졌고 그것으로 템플 기사단의 운명은 끝이었다. 교황은 생전에 기사단을 완전히 해체했고 기사단에 가입할 마음이라도 품는 자는 모두 파문에 처했으며 이단으로 처벌했다.

그렇다. 고문에 못 이겨 자백을 했다고 썼지만 사실상 그들은 분명 이단이었다. 그들은 이단이었기에 처형당한 것이다. 템플 기사단이 잠시 번창할 수 있었던 것은 그들이 이단이 아니었기 때문이 아니다. 그들이 정통 기독교 교리, 로마 교황청의 교리에 충실했기 때문이 아니다. 이단적인 믿음도 허용하는 당대의 종교적 분위기 때문이었을 뿐이다.

중세의 프리메이슨 단뿐만이 아니라 18세기에 탄생한 현대 프리메이슨 단도 정통 기독교와 아주 복잡한 관계를 유지해 왔다. 때로는 교황청의 비호를 받으며 우호관계를 유지하기도 하고 때로는 탄압을 받기도 했다. 때로는 교회 지도자들이 프리메이슨 회원이 되기도 하고 때로는 칙령으로 프리메이슨 단에 성직자가 가입하는 것을 엄격히 금지하기도 했다.

과감하게 말한다면 기독교 내부에도 이단적인 믿음을 간직하는 흐름이 존재해 왔다는 것을 그것은 의미한다. 그렇다면 그 이단적인 믿음의 내용은 과연 무엇인가?

그 믿음의 내용은 히람의 죽음과 부활에 있다. 히람의 비밀을 찾아 그를 되살린다는 것, 즉 죽음을 통해 새로운 존재로 다시 태어난다는 것, 거기에 그 믿음의 비밀이 있다. 그것이 바로 프리메이슨의 비밀이다. 그 비밀은 통과제의 의식에 들어 있다.

도제 입문 의식을 치르고 있는 프리메이슨 후보자.

프리메이슨의 계급은 1도(degree)에서 최고 33도(degree)까지 존재한다. 1도(도제, Entered Apprentice), 2도(장인, Fellow Craft), 3도(숙련된 석공, Master Mason)까지는 견습생이며, 4도부터 시크릿 마스터 메이슨(Secret Master Mason)이 되어 정식회원이 된다. 최고 계급인 33도를 그랜드 마스터(Grand Master)라고 부르며 평의회를 열어 최고 의장을 뽑아서, 그를 프리메이슨의 교황으로 삼는다.

우리는 통과제의라는 단어를 이미 여러 번 썼다. 피타고라스 학파에 대해 이야기할 때도 그 단어를 여러 번 언급했으며 석공들의 조합이었던 중세 프리메이슨에 대하여 알아볼 때도 그 단어를 언급했다. 프리메이슨에 입단할 때 입문자가 겪어야할 의식은 한 마디로 통과제의 의식이라고 할 수 있으며 그 의식은 현대에도 그대로 시행되고 있다. 그렇다면 통과제의란 과연 무엇인가?

통과제의란 단어는 요즘 일상에서도 자주 쓰이는 용어이다. 입문이라고도 번역되는 initiation을 우리는 그 본래의 의미를 살려 통과제의라고 번역해서 쓰고 있을 뿐이다. 바둑 입문, 골프 입문, 당구 입문, 꽃꽂이 입문과 같이 일상에서도 쓰이고, 철학 입문, 정신분석 입문, 예술사 입문 등 학문의 영역에서도 쓰인다. 그리고 입문이라는 제목이 붙은 책이나 강좌는 예외 없이 초보자를 위한 책이며 강좌이다. 그 때의 입문이라는 단어는 그 분야에 문외한인 사람이 미지의 분야 안으로 첫 발을 내딛는다는 뜻을 담고 있다. 좀 과장되게 표현하면 그 입문을 통해 새로운 사람, 즉 이전의 나와는 다른 사람이 된다는 뜻도 품고 있다. 바둑에 입문해서 바둑을 알게 되거나 철학에 입문해서 철학을 알게 된 사람은 분명 그에 대해 전혀 무지하던 이전의 나와는 다른 사람이며 다른 세계에 살고 있는 사람이 아닌가? 통과제의의 기본 의미는 바로 거기에 있다. 미지의 세계에 입문해서 일정한 수련을 통해 이전과는 다른 사람이 된다는 것.

그런데 요즘에도 쓰이는 통과제의라는 단어의 의미는 실은 인류의 역사만큼이나 오래된 것이며 인류의 조상들의 우주관이 그대로 반영되어 나타난 의식이기도 하다. 잠깐 살펴보자.

고대의 통과제의

우리는 인류의 조상의 삶에 대해 아주 그릇된 편견을 가지고 있다. 진화론이 보편화되면서 생긴 편견인데 우리는 은연중에 인류의 조상들의 삶을 동물적인 야만 상태와 동일시하는 데 익숙해 있는 것이다. 하지만 최첨단의 고대 생물학자들은 우리의 조상늘이 우리와 똑같은 생물학적인 특성을 지니고 있었다고 말하며 인류학자들은 우리의 선조들이 우리와 똑같이 생각하고 똑같은 고민을 가지고 있었다고 말한다. 그들에게도 신앙이 있었고 우주 발생에 대한 의문이 있었으며 그에 입각한 행동 지침과 규범이 있었다는 것이다. 그리고 무엇보다 죽음 이후의 세계에 대한 의문이 존재했고 그에 따른 의식(儀式)이 존재했다는 것이다. 그 중 대표적인 것이 바로 상례의식이나.

장례의식이 생긴 것은 기원전 5만 년경과 4만 년 사이이다. 장례의식을 치르는 인류의 조상들에게 죽음은 기본적으로 자신이 온 곳으로 되돌아가는 것을 의미했다. 지상에서의 삶은 순간적으로 통과하는 삶일 뿐 본래의 삶은 죽음 이후에 새롭게 사는 삶이라고 생각했다. 하지만 죽음 이후에 새로운 삶, 자신이 떠나온 삶으로 저절로 돌아갈 수 있다고는 생각하지 않았다. 인간이 인간의 힘으로 혼자 생긴 것이 아니라 그 무언가 알지 못할 힘에 의해 만들어진 것이기에 누군가의 인도에 의해 그 힘에 합류할 수 있게 되지 못한다면 새로운 탄생은 불가능하다고 생각했다. 그 알지 못할 힘은 바로 우주의 질서를 의미했고 거기에 합류한다는 것은 우주의 품에 안기는 것을 의미했다.

　우주의 품에 안긴다는 것은 자연스러운 죽음을 그냥 받아들이는 것과는 다른 것이다. 죽음을 통해 새로운 존재로 한 번 더 태어나야만 하는 것이다. 재탄생은 자연의 섭리를 그냥 따르는 것에 의해서가 아니라 자연을 넘어서는 초자연적이고 초인적인 힘과 접하는 의식에 의해서만 가능하다. 초자연적이고 초인적인 힘이란 무엇인가? 바로 신성한 힘이 아니겠는가? 따라서 신성한 힘에 의해 다시 태어난 삶, 신성한 힘과 접한 삶이란 그 자체 신성한 작품이 된다. 자연의 산물인 인간이 신성한 힘의 산물로 다시 태어나는 것, 그래서 자연에 속하는 것이 아니라 신의 역사에 드는 것, 그것이 가능하다고 믿는 것이 바로 신비주의이며 그것을 이룩하기 위해 치르는 의식이 바로 통과제의 의식이다. 학자들은 인류에게 신비라는 개념이 생긴 것은 기원전 4000년경이며 우리가 오늘날 통과제의라고 부르고 있는 의식이 생긴 것도 같은 때라고 말하지만 그 믿음과 의식은 인류의 조상이 장례의식을 치르기 시작하면서 이미 존재했다고 보는 것이 옳다. 루마니아 출신의 종교학자인 미르체아 엘리아데는 통과제의 의식의 성격을 이렇게 요약해서 말한다.

통과제의를 통해 경험하는 것은 무엇인가? 그것은 고대의 인식으로 되돌아가는 것을 말한다. 그것은 현대인에게는 잊혀진 신비를 경험하는 것이다. 그 신비란 최초의 창조의 순간으로 되돌아가는 것이며 죽음과 탄생이 만나는 것을 말하며 최초로 천명된 신성한 힘을 경험하는 것을 의미한다. 그것은 최초 탄생하던 순간 그대로의 세상을 다시 회복하는 것을 말하며 최초의 순간에 신들이 최초로 행했던 행위를 재생하는 것을 말한다. 그렇게 하여 인간 사회와 우주 전체가 그 당시의 순수성, 그 당시의 권능, 유효성, 순수한 생명력을 회복하는 것을 말한다. 인간은 통과제의를 통해 우주 창조의 순간을 반복해서 경험할 수 있다. (엘리아데, 『통과제의, 의식, 비밀사회』)

신비란 바로 그 우주 창조의 순간의 비밀을 말하며 신비주의란 그 우주 창조의 비밀과 하나가 될 수 있는 능력이 인간에게 존재한다고 믿는 것을 말한다. 에두아르 쉬레라는 19세기 프랑스의 역사학자가 쓴, 신비주의의 경전이라고 일컬어지는 책에 '위대한 통과주의 통과자들 Les grands initié'이라는 제목이 붙은 것은 그 때문이다. '통과주의 통과자들'이라고 직역한 부분을 우리는 '선각자', 혹은 '깨달음을 얻은 자들'이라고 의역할 수도 있다. 깨달음을 얻는다는 것은 우주의 비밀을 알게 된다는 것을 의미하지 않는가? 더욱이 우리에게 흥미로운 것은 그 위대한 선각자들 대열에 인도의 라마, 크리슈나 등과 함께 신화 속의 인물인 헤르메스와 오르페우스가 포함되어 있으며 모세와 피타고라스와 부처, 플라톤까지 포함되어 있고 마지막에 예수가 등장한다는 사실이다. 그 사실은 신화 속의 인물과 실제의 인물을 엄격히 구별할 필요가 없다는 신비주의의 속성을 잘 보여준다. 하지만 그와 동시에 신비주의 전통이 기독교 사회에서는 탄압을 받을 수밖에 없었던 이유도 잘 보여준다. 비록 절대자의 독생자인 예수를, 그 모든 선각자들의 최종 대표로 간주하긴 했더라도, 그를 여러 선각자들과 같은 반열에 놓는다는 것은 정통 기독교 교리에서 용납하기 어려운 엄청난 이단이 아니겠는가? 또한 인간의 신비스러운 능력을 모두 신의 권능에 귀속시켜 버린 기독교 같은 이원론적 종교에서 그런 능력이 인간에게 내재한다고 믿는 신비주의는 필경 이단이 될 수밖에 없지 않은가?

통과제의 의식의 절차, 그리고 변용된 모습들

고대로부터 이어져온 그러한 믿음과 의식은 고대 국가가 형성되면서 국가 제도로 정착하게 되는데 그 대표적인 국가가 바로 이집트이며 우리가 앞서 살펴본 피타고라스교파의 통과제의 의식은 그것을 일반 교육에 적용한 것이라고 보면 된다.

이집트에서는 통과제의가 하나의 제도로 존재했다. 통과제의를 통과하지 않고는 왕이 될 수 없었다. 대사제와 거장이 되기 위해서도 마찬가지였다. 온갖 분야에서의 국가의 지도층들은 모두 통과제의를 통하여 우주의 비밀을 알게 된 사람들이었다. 달리 말한다면 국가 지도자는 공공연히 모두 프리메이슨이었고 신비주의자들이었다고 보면 된다. 이집트에서는 신비주의자들이 공유하고 있던 비밀은 공공연한 비밀이었던 셈이었으니 그 비밀을 공유하고 있던 사람들이 중세나 현대의 프리메이슨 단처럼 어두운 곳에서 비밀결사단체로 지낼 이유는 하나도 없었다. 그들은 비밀을 공유하지만 비밀스러운 곳에 숨어있지 않은 사람들이었다.

그렇다면 그들은 어떤 의식을 거쳐 신비주의의 비밀을 터득하고 소유하게 된 것일까? 우리가 그 세계를 구체적으로 자세히 경험하기는 어려우니 조금 도식적으로 설명해보기로 하자.

통과제의 의식은 다음의 세 모티브로 이루어진다. 그것은 추락과 시련과 부활이다. 우선 추락의 모티브부터 살펴보자.

추락의 모티브

추락은 현세에서의 삶이 본래의 고향으로부터 추락한 결과라는 인식이 낳은 모티브이다. 그 모티브는 자신의 고향이 지금 자신이 살고 있는 이곳이 아니라는 이방인 의식을 낳는다. 그 모티브를 잘 보여주는 시를 하나 보기로 하자. 19세기 프랑스 상징주의 시인인 보들레르의 「알바드로스」라는 시이다.

자주 뱃사람들은 장난삼아

거대한 바닷새 알바트로스를 붙잡는다.

항해의 무심한 동반자인 양

가혹한 심연 위를 미끄러지는 배를 뒤따르는 그를.

그들이 새를 뱃바닥에 내려놓자마자

그 창공의 왕자는 어색하고 부끄러워

그 커다란 흰 날개를 마치 노처럼

가엽게 옆으로 질질 끄는구나.

날개 달린 이 여행자여, 얼마나 어색하고 무기력한가!

전에 그토록 멋지던 그가 그 얼마나 우스꽝스럽고 추한가!

어떤 이는 담뱃대로 부리를 성가시게 하고

어떤 이는 다리를 절룩거리며 전에 날던 이 불구자를 흉내내는구나.

시인은 폭풍 속을 드나들며 사수(射手)를 비웃던

저 구름의 왕자를 닮았으니

지상에 유배되어 야유의 소용돌이 속에서

그 거대한 날개가 걷기조차 방해하는구나.

위의 시에서 시인은 자신을 뱃사람에게 붙잡힌 알바트로스에 비유

하늘을 나는 **알바트로스.**
보들레르는 시 속에서 자신을 뱃사람에게 붙잡힌 알바트로스에 비유한다. 통과제의에서 추락의 모티브는 하늘이 고향인 알바트로스가 인간에게 사로잡힌 현실의 삶을 부정하는 데서 출발한다.

한다. 그의 고향은 지금 이곳이 아니다. 그의 고향은 본래 하늘이며 이곳의 삶은 마치 뱃사람에게 붙잡힌 알바트로스처럼 유배된 삶일 뿐이다. 그 의식은 불행한 의식이다. 하지만 자신이 이곳 태생이 아니라는 이방인 의식은 시인의 이상이 드높은 것 때문에 생긴 것이며 그러한 이방인 의식에 의해 그의 이상이 한결 드높아지기도 한다.

통과제의에서의 추락의 모티브는 위의 시에서처럼 이곳에서의 지금의 나의 모습과 나의 삶이 본래의 자기의 모습과 삶이 아니라는 인식이 낳은 모티브이며 자신이 돌아갈 고향은 원래 높은 곳에 존재한다는 인식이 낳은 모티브이다. 손쉬운 비유를 하나 해보기로 하자.

매미가, 우리가 매미라고 부르는 삶을 사는 기간은 아주 짧다. 7년간 전혀 다른 상태로 물속이나 땅속에서 지내다가 고작 7일을 매미로 지낸다. 하지만 우리는 매미가 매미의 형태로 고작 7일 밖에 살지 않는다고 해서 애벌레 때의 이름으로 그 곤충을 부르지 않는다. 매미의 본 모습은 바로 7일간의 삶에 있다고 여기기 때문이다. 그런 사정은 잠자리도 마찬가지이고 나비도 마찬가지이다. 이곳에서의 나의 삶을 유배된 삶에 불과하다고 생각하는 것은 배추 애벌레가 지금의 자신의 모습이 본 모습이 아니라고 생각하는 것과 같다. 지금은 애벌레의 모습을 하고 있지만 그 안에는 나비의 꿈이 있다고 생각하는 것과 같다.

배추 애벌레가 지금의 자신의 모습이 본 모습이 아니라고 생각한다는 것! 본래의 모습을 기억한다는 것, 즉 추락에 대한 기억을 간직한다는 것! 자신의 고향이 저 드높은 천국이라고 생각하는 것! 이것이 통과제의를 거치려는 초심자에게 기본적으로 요구되는 덕목이다. 그리고 다른 세계로 들어가 다른 존재로 태어나기 위해 지금의 자신을 완전히 버릴 준비가 되어야 하는 것 또한 기본 조건이다. 배추 애벌레가 나비가 되기 위해서는 단순한 성장이나 성숙으로는 불충분하다. 애벌레는 번데기 상태를 거쳐 완전한 탈바꿈을 이룩해야만 한다. 그렇기에 고대의 통과제의 의식에서도, 현대의 프리메이슨의 의식에서도 나무랄 데 없는 도덕적 행실이 필연적으로 요구되며 자신이 지니고 있는 재산과 물질적 부를 완전히 포기할 것도 요구된다. 물론 현대 프리메이슨 의식에서는 자신이 몸에 지니고 있는 금속 물질을 버리는 상징적 의식으로 개인 재산의 포기를 대신하지만.

초심자에게 엄격한 도덕성이 요구되는 것은 달리 말하면 그가 맑은 영혼을 지닌 존재여야 한다는 것을 의미한다. 영혼을 맑게 간직한 자라야 본래 그 영혼이 살던 고향에 대한 추억을 간직하고 있을 수 있기 때문이다. 영혼이 흐려지면 본래 살던 곳의 기억도 흐려지는 법이 아니겠는가.

추락의 모티브에서부터 벌써 통과제의에 들 수 있는 사람은 일반인과 구별된다. 그것은 위의 시에서 뱃사람과 시인이 구별되는 것과 마찬가지이다. 그것은 추락에 대한 기억을 간직하고 있는 자, 그래서 다른 곳을 꿈꾸는 자와 이곳의 삶을 당연한 것으로 수락하는 자의 구별을 의미한다. 세속적인 것과 분리되어 다른 세계로 들어간다는 분리의 원칙과 그 세계로 들어가기 위해서는 세속적인 사람과 분리된 특별한 존재여야 한다는 것. 이러한 차별과 분리의 원칙은 프리메이슨의 아주 중요한 원칙이다. 프리메이슨 홀이라 불리는 지부의 장소가 '외부로부터 격리되어 있어야 하고 가능하다면 높은 담장에 둘러싸여 다른 건물과 분리된 안뜰 형태가 좋으며 그렇게 하여 외부인이 훔쳐보거나 엿들을 수 없도록 하여야 한다.'라고 하는 것은 바로 그 분리의 원칙을 확실하게 보여주는 예이다. 또한 그러한 분리의 원칙은 우리가 나중에 살펴볼 프리메이슨의 상징들 속에 잘 나타나 있다.

시련의 모티브

통과제의에 든 자는 필연적으로 일련의 시련을 겪어야 한다. 그 시련은 수술하는 칼끝이 주는 아픔과 같은 것이다. 고통이 없으면 행복이 없고 시련이 없으면 성취도 없다는 일반적인 잠언 속에 들어 있는 의미와 비슷한 의미를 지닌다. 그 시련 중에 가장 큰 시련이 바로 죽음의 경험이다. 죽음이 없으면 부활도 없다. 물론 그때 죽는 것은 과거의 '나'이다.

다시 나비를 예로 들어보자. 나비의 애벌레는 나비로 부활하기 전에

번데기의 상태를 겪는다. 번데기는
외형상으로는 죽은 모습을 하고
있다. 하지만 그 죽음은 끝이 아니
다. 그것은 애벌레의 죽음일 뿐이
다. 그 죽음은 부활을 위한 죽음이
다. 그 죽음은 하늘나라로 돌아가
기 위한 예수의 죽음과도 같다. 예
수는 이 땅에서의 죽음을 겪고 부
활해서 하늘나라로 돌아가지 않았
는가? 또한 그 죽음은 히람 전설에
서의 히람의 죽음과 같은 죽음이
다. 그는 미모사 가지 아래에서 부
활하지 않았는가? 또한 통과제의
가 하나의 제도로 정착해 있던 이

태형을 당하고 있는 예수.
예수의 시련은 히람 전설에서의 히람의 시련과 동일하다.

집트 사회에서 죽은 자를 미라 상태로 보존하는 것은 죽음이 끝이 아
니라 시련의 끝일뿐이며 부활의 약속이라는 것을 그들이 믿고 행하고
있었음을 확실하게 증명해준다. 미라는 바로 번데기 모양을 하고 있지
않은가?

　전통적인 통과제의가 무덤이나 지하에서 행해지는 것은 바로 그 때
문이다. 통과제의에 든 자는 지하에서 온갖 시련을 겪는다. 불과 물의
시련을 겪고 지하세계의 무서움을 겪는다. 그러한 시련은 고통의 경험
이면서 동시에 정화의 의식이기도 하다. 완전한 부활을 위해서는 영혼

의 완전한 정화가 필요하다. 마찬가지로 다양한 종류의 시련은 현대의 프리메이슨 의식에서도 본질을 이루고 있다.

하지만 새로운 존재로 태어나기 위해 죽음에 버금가는 고통을 겪어야 한다는 테마는 전통적 통과제의 의식이나 프리메이슨 같은 신비주의 단체에만 존재하는 것이 아니다. 그 테마는 사회적인 차원에서도 나타난다. 그 중 대표적인 것이 바로 성인식이다.

전통 사회에서는 성인이 되려면 반드시 성인식을 치러야만 한다. 그 성인식은 일종의 통과제의 의식이다. 어른이 되려면 물리적으로 성장하는 것만으로는 충분하지 않다. 아이의 단계에서 어른의 단계로 옮아간다는 것은 단순한 성장이 아니라 탈바꿈을 의미하기 때문이다. 그래서 성인식에서는 반드시 육체적 고통이 수반된다. 전통적 성인식에서의 할례 의식은 위생적인 측면에서 행해지는 것이 아니다. 할례 의식은 이전의 존재의 죽음을 의미하는 상징적 의식이다. 신체 일정 부분의 훼손과 그로 인해 겪는 고통이 죽음의 경험을 대신한다. 우리의 전통에서도 결혼을 하면 신랑의 발바닥을 무섭게 때리지 않는가? 그것은 극심한 고통과 시련의 경험 없이는 새로운 존재로 태어날 수 없다는 상징적인 의미를 지닌다. 가끔 사회적 문제를 불러일으키는 대학교 신입생 환영회도 예외는 아니다. 술을 과도하게 먹여서 정신을 잃게 만드는 행위는 일종의 성인식과도 같은 것이다. 정신을 잃는다는 것은 죽음의 경험과 흡사한 것이 아니던가? 그 의식을 통해 신입생은 고교생의 허물을 벗고 대학생으로 다시 태어나게 된다.

하나만 더 예를 들어보기로 하자. 영화로 만들어지면서 유명해진 이청준의 소설 〈서편제〉의 경우이다. 영화를 본 어떤 학생이 이런 이야기를 했던 것이 기억난다. 영화에서는 아버지가 딸의 눈을 일부러 멀게 만드는 장면이 나온다. 그 학생은 아무리 딸을 명창으로 만들고 싶은 욕심이 크다 하더라도 딸을 일부러 맹인으로 만드는 아버지는 너무 잔인하지 않느냐는 말을 했다. 하지만 그 행위는 명창으로 다시 태어나기 위해 겪는 시련이라는 상징적 의미를 지닌다. 명창이 된다는 것은 예술가가 된다는 것을 의미한다. 그리고 진정한 예술가가 되기 위해서는 예술가가 되기 이전의 존재와는 전혀 다른 존재가 되어야 한다. 진정한 예술가로 다시 태어나기 위해서는 상징적 죽음이 필요한 것이다. 서편제에서의 눈 멈의 모티브는 통과제의에서의 시련의 모티브와 일치한다. 그 상징적 죽음을 통해 딸은 예술가로 다시 태어나게 되는 것이다.

우리의 삶, 우리의 사회에 존재하는 이러한 유사 통과제의들은 인간의 삶을 매듭이 있고 도약이 있는 것으로 만든다. 인간은 물리적으로는 하나의 생을 살게 되어 있지만 그 매듭과 도약을 통해 거듭 태어날 수 있고 여러 삶을 살 수 있게 되는 것이 아닌가?

부활의 모티브

죽음의 시련을 겪은 입문자는 새로운 존재로 부활한다. 그는 죽음을 경험했기에 생사의 비밀을 이해하고 체득한 존재가 되며 생사의 고리를 뛰어넘은 존재가 된다. 그가 이제 살아가게 되는 세상은 통과제의의 시련을 겪지 않거나 죽음이 무엇인가를 모르는 자는 들어 올 수 없는

세상이 된다. 생사의 비밀을 이해하고 그 고리를 뛰어넘
은 존재가 된다는 것, 그것은 성스러운 존재가 된다는
것과 같은 것이 아닌가. 그는 성스러운 존재가 됨으로써
이제 속된 세계에 머물러 있는 자와는 다른 존재가 된
다. 그는 우주의 창조의 순간을, 그 원리를 터득한 존재
이다. 그래서 그는 '나는 신들이 원하는 것을 최후까지
내 어깨 위에 짊어진다.'라고 다짐한다. 신들이 원하는
것이 무엇인가? 그것이 바로 우주를 창조할 때의 신의
섭리이다. 그것은 신의 영역에 속하는 것이기에 속된 인
간에게는 비밀일 수밖에 없다.

그는 그 비밀을 터득한 존재이다. 다시 말하지만 그
비밀은 성스러운 영역에 속하는 것이기에 속인들은 그
에 범접할 수 없다. 그리고 그 비밀을 누설하는 것은 천

기를 누설하는 것과 같은 것이다. 그래서 그 비밀을 자신만이 간직할 뿐 남에게 말하지 말라는 계율이 언제나 뒤따르며 현대의 프리메이슨단도 그 계율을 엄격히 따른다.

하지만 그 계율의 의미는 그 이상이다. 그 비밀은 말로 전해진 것이 아니라 신성과 직접 접하면서 체득한 것이다. 따라서 그 비밀은 말로 전달이 될 수 없다. 그 비밀을 말로 남에게 전하는 것은 천기누설이기 이전에 그 천기를 더럽힌 것이 된다. 인간이 사용하는 말은 속된 것이어서 천기, 즉 신성한 의미를 담을 수 없고 그 의미를 훼손하기 때문이다. 신비주의에서의 '비밀을 남에게 누설하지 말라'는 계율은 기독교에서의 '우상을 섬기지 말라'는 계율처럼 절대적인 계율이다. 인간이 만든 우상이 절대자의 절대성을 훼손하듯이 인간의 말을 통해 전해지는 비밀은 그 신성성을 훼손한다.

그 비밀은 경험을 통해 직접 체득한 것이기에 비밀을 직접 체득한 사람들끼리만 그 의미가 통할 수 있는 비밀이다. 그 비밀은 말로 전해지는 것이 아니기에 그 체험이 없는 사람은 그 비밀에 동참할 수 없다. 그 비밀은 통과제의를 체험한 개개인을 통해 다시 태어나는 비밀이니 그들 간에만 통하는 비밀이다. 프리메이슨이 중요한 덕목으로 강조하는 형제애는 그 비밀을 터득한 자들 사이에 흐르는 행복한 애정이다. 그들 사이에 통하는 애정과 의미는 부처와 가섭 간에 염화시중의 미소를 통해 전달되는 애정 의미와 같은 것이며 이심전심의 비법을 통해 전달되는 애정과 의미와 같은 것이다. 그래서 그리스의 비극작가 소포클레스는 이렇게 말했다. '신비를 경험한 사람들은 그렇지 못한 사람들보다 세

배는 더 행복한 사람이다.'

추락에 대한 의식을 갖고 시련과 정화를 겪은 후 우주의 비밀을 터득한 성스러운 존재로 다시 태어나는 것, 그것이 통과제의 의식이 갖는 의미이며 프리메이슨 의식이 갖는 의미이다. 현대의 프리메이슨이 히람의 전설을 입단 의식에서 그대로 차용하여 사용한다는 것은, 그들이 역사적 부침 속에서 무수한 변화를 겪었더라도 근본에 있어서는 신비주의적 전통을 그대로 유지하고 있다는 것을 확실하게 보여준다. 히람은 성전건축, 즉 우주의 건설을 총지휘한 사람이며 죽음을 겪은 후 부활한 사람이 아니던가? 그는 우주적 차원에서 통과제의를 통과한 인물인 것이다.

이러한 신비주의적 전통은 우리가 피타고라스 학파의 경우에 보았듯이 그리스에서도 여전히 살아남아 있었다. 하지만 그러한 신비주의적 전통은 그리스 문화에서의 신들 숭배 전통과는 별개의 것이다. 신비주의에서 중요한 것은 신성한 존재에 대한 숭배가 아니라 신성한 것을 직접 체험하는 것이기 때문이다. 또한 그리스의 헬레니즘 전통은 신비의 체험보다는 신비에 대한 논리적이고 철학적인 성찰이 주류를 이루고 있었다. 따라서 통과제의를 통해 신비와 접하는 전통은 그리스 사회에서도 주류는 아니었다. 따라서 5세기에는 통과제의를 가르치던 교육이 전면적으로 금지되기에 이르고 그 전통은 여러 나라로 흩어져 존재하게 된다.

신비주의 전통은 비록 공적인 차원에서는 탄압을 받고 사라졌는지 몰라도 그 은밀한 흐름이 완전히 끊어지지는 않았다. 기독교 역사에서도 그 명맥이 이어져 왔으며 기독교의 공공건물이나 종교적 건물을 지을 때는 통과제의는 필수적인 요소로 오랫동안 이어져 왔다. 그 결과 중세의 프리메이슨 단이 탄생한 것은 물론이다. 또한 그 전통은 고대와 중세의 신비주의적 전통과는 완전히 단절되어 있는 것처럼 보이는 현대의 프리메이슨 단들의 의식에서도 일련의 상징들을 통해 그대로 재현된다. 이제 그 상징들을 간략히 살펴보기로 하자.

프리메이슨의 주요한 상징 중의 하나인 제도판(製圖板).
이 제도판은 프리메이슨 특유의 모자이크 문양과 기둥과 사다리 등의 상징물을
보여주고 있다. 하늘을 향해 길게 뻗은 사다리는 프리메이슨의 진보를 향한 정
신을 보여준다.

프리메이슨의 연장들

프리메이슨 단에 입단을 원하는 사람은 견습생, 숙련공, 거장으로 등급이 높아질 때마다 그 등급에 걸맞은 연장들을 부여받으며 각각의 등급에 따라 다른 글자와 연장의 문양이 그려져 있는 양탄자가 벽에 걸리게 된다. 그 연장들에는 모두 상징적인 의미가 함축되어 있다. 그 연장들은 모두 건축과 관련 있는 연장들이다. 프리메이슨 단의 역할은 신전의 건축, 파괴된 솔로몬 신전의 재건축에 있기 때문이다. 물론 그때의 건축은 상징적인 의미를 지닌다. 신성성이 살아 있는 새로운 왕국의 건설을 의미하며 그 왕국은 정신 속의 왕국이다. 또한 우리가 앞서 살펴보았듯이 우주 창조의 의미를 지니기도 한다.

프리메이슨의 연장들 중에서 중요한 것들은 자의 직각자와 컴퍼스, 수직기와 수평기, 노끼와 나무망치와 가위이다. 그 연장들은 마치 음양이 조화를 이루듯이 능동적인 역할을 하는 연장들과 수동적인 역할을 하는 연장들로 구분이 된다. 컴퍼스와 나무망치, 수직기와 자는 능동적인 역할을 하고 가위, 수평기, 지렛대와 직각자는 수동적인 역할을 한다.

그 모든 연장들 중에서 가장 핵심을 이루는 것이 직각자와 컴퍼스로서 직각자는 땅으로부터 오는 위대한 빛을 상징하고 컴퍼스는 하늘로부터 오는 위대한 빛을 상징한다.

프리메이슨의 상징도에서는 직각자가 컴퍼스를 품고 있다. 그런데 입문자가 어떤 등급에 이르는가에 따라 그 품고 있는 양상이 달라진다. 즉 각 등급에 따라 컴퍼스가 직각자의 위에 있는 경우, 반대로 아래에 있는 경우, 컴퍼스의 양쪽 끝이 직각자의 양쪽 끝과 포개져 있는 경우 등으로 달라지는 것이다. 직각자는 물질의 수동성과 불변성을 상징하고 컴퍼스는 능동적 의지로 그것을 변형시키는 정신의 힘을 상징한다.

첫 단계, 그러니까 수련생 단계에서는 직각자가 컴퍼스를 지배한다. 그것은 물질이 정신을 지배하는 단계를 의미한다. 제 2단계인 숙련공의 단계에서는 두 힘이 균형을 이룬다. 마지막으로 세 번째 단계, 즉 거장의 단계에서는 컴퍼스가 직각자를 지배한다. 즉 정신이 물질을 지배하는 것이다. 그리고 컴퍼스가 벌어진 정도에 따라 정신의 열림의 정도를 나타낸다.

이 두 상징적 연장에 나무망치가 합류하면서 삼위일체가 완성된다. 나무망치는 모든 연장들 중의 기초에 해당하는 것이다. 나무망치는 야생의 돌을 정방형으로 만드는 데 쓰이며 그 일 자

프리메이슨 상징물들을 포함한 또 다른 제도판. 두 기둥 사이에 해와 달 해골 문양 등이 보인다. 또한 망치, 직각자, 컴퍼스 등 프리메이슨 상징에 단골고 나오는 연장 그림도 보인다.

체가 바로 창조의 시작이기 때문이다. 따라서 망치는 건설자의 최초의 행위를 상징할 뿐만 아니라 최종 결정권을 상징한다. 그리고 메이슨의 권위와 공포를 강조하는 역할을 한다. 지부에 비치는 세 빛은 바로 직각자와 컴퍼스 그리고 나무망치의 빛이다.

나머지 도구들 중 수평기와 수직기는 감독관의 연장으로서 그것들은 돌과 건물의 수평과 수직적 정확성을 측량하는 도구이며 숙련공에게만 주어지는 연장인 자와 지렛대는 보조적인 연장들이다.

프리메이슨 의식의 의미들
- 세속과의 결별, 세속적인 삶의 죽음과 재탄생

프리메이슨에 입단하고자 하는 자가 사원의 문을 두드릴 자격을 얻으려면 우선 모든 금붙이를 버리고 짧은 옷을 입어야 한다. 즉 팔과 어깨가 드러나야 하며 무릎도 드러나야 하고 발에는 슬리퍼를 신어야 하며 눈은 띠로 가려야 한다. 그것을 지니고 있는 재물은 버리고 사회적 지위나 세속의 체면을 벗어버리는 것을 의미한다. 모든 것을 버려라! 그럼으로써 모든 것과 결별하라! 이것이 제1의 명령이다. 그가 벗어버리는 금속은 이 세상에서 지니고 있는 재산을 의미하면서 동시에 지상의 인간이 지니고 7 가지 정열을 의미한다. 예기와 중용에서 말하고 있는 7정, 즉 희(喜)·노(怒)·애(哀)·구(懼)·애(愛)·오(惡)·욕(慾)과 정확히 일치한다. 재산과 인간적 정열을 버리고 사회적 지위와 체면을 버려야 비로소 후보 자격을 갖출 수 있게 되는 것이다.

그런 자격이 갖추어지면 그는 눈을 가리거나 두건을 쓴 채 어딘가 어두운 곳으로 인도된다. 그것은 통과제의에서 보았듯이 죽음의 시련을 겪는 것을 의미한다. 눈가리개를 풀면 그의 눈앞에 무시무시한 해골과 모래시계가 나타난다. 모래시계는 죽음을 가져오는 불길한 시간의 흐름을 상징한다. 또한 그곳에는 물병이 하나 있고 빵 덩어리가 하나 있다. 그 음식들은 고해의 음식물들이다. 그것들은 육신의 양식으로서 시간이 흐름에 따라 죽을 수밖에 없는 속세의 운명을 상징한다.

모든 것이 죽음을 상기시키는 희망 없는 분위기에 갑자기 수탉의 그림이 나타난다. 수탉은 조로아스터교의 분파인 마즈다교의 유산으로서 오래된 태양의 상징이며 5세기부터 기독교 교회의 종탑에 등장하기도 한 상징이다. 수탉의 그림이 등장하면서 그 절망의 한 가운데 희망의 조짐이 나타나서 절망에 빠지지 않도록 해준다.

절망과 희망이 교차하는 가운데 그는 불의 시련과 물의 시련, 대지의 시련을 상징하는 일련의 시련들을 겪는다. 불은 썩은 존재를 삼키는 죽음의 불이며 물은 그 안에 든 자를 썩게 만드는 부패의 물이며 대지는 그 부패를 가속화시킨다. 모두 죽음의 공포를 상기시키는 일련의 시련들이다. 그리고 그는 그 시련을 겪으면서 동시에 정화된다. 즉 부패를 경험하면서 부패에서 벗어날 수 있게 되며 죽음을 경험하면서 죽음에서 벗어나게 되는 것이다.

그러한 시련을 겪고 나면 아주 천천히 새로운 빛이 주어진다. 재탄생의 빛이다. 그때부터 수련생은 흰 장갑을 끼게 되고 지부에서 행사가 벌어지는 동안 계속 끼고 있어야한다.

장갑은 손을 이 세상의 더러움으로부터 격리시키는 역할을 한다. 그 의미는 외과 의사들이 끼는 수술 장갑과 같다. 그는 아틀리에의 지부장으로부터 두 벌의 장갑을 받는다. 한 벌은 자신의 것이고 또 한 벌은 그가 가장 높이 '평가하는'('사랑하는'이 아니다) 여성을 위한 것이다. 그 장갑은 드높은 정신적 순결을 의미한다. 천사 같은 순결을 지닌 여성에게 바칠 장갑! 1780년 6월 23일 프리메이슨에 입단한 괴테가 장갑을 받으면서 '생애 단 한 번, 단 한 사람에게 줄 수 있는 장갑'이라고 읊었던 그 장갑! 그 장갑은 천사 같은 순결을 뜻하므로 속세와 완전히 결별해서 성스러운 삶을 사는 존재가 낄 수 있는 장갑이다. 그 장갑은 미사에서 주교나 신부가 끼는 장갑과 같은 의미를 갖고 있는 장갑이다.

수련생은 장갑과 함께 저 유명한 프리메이슨의 상징인 앞치마를 받는다. 그 앞치마에는 프리메이슨의 문장(紋章)이 그려져 있다. 그 앞치마 역시 분리와 결별의 상징이다. 원래는 건축에서 기초 공사를 위해 땅을 파던 사람들이 착용하고 있던 것으로서 중세의 성당 건축 직공들의 그림에 나온다. 그들은 노루 가죽 앞치마를 하고 있으며 애초에는 단순히 설거지 할 때 차는 앞치마처럼 오염 방지를 위한 것이었다. 거기에 사각형 위에 삼각형의 턱받이가 겹쳐 있는 현재의 모양은 19세기에 이르러 일반화된 것으로서 프리메이슨은 결별을 의미하는 앞치마에 프리메이슨의 문양을 가미해서 프리메이슨의 정신을 압축해 놓고 있는 것이다.

앞치마와 함께 수련생에게는 검이 주어진다. 장갑과 앞치마가 프리메

19세기에 일반화된 프리메이슨의 앞치마.
솔로몬의 성전, 피라미드, 레바논의 삼나무,
에녹의 기둥, 모자이크 바닥, 다양한 연장 등
프리메이슨의 풍부한 상징을 표현하고 있다.

이슨의 영원한 상징이듯이 검도 영원한 부속물이다. 통
과제의 의식 중에도 검은 등장하지만 그 때 검의 주인
은 수련생이 아니다. 그 때의 검은 그를 위협하는 위험
을 상징한다. 어둠의 시련을 겪고 나면 이번엔 그가 검
의 주인이 된다. 그 검은 일반적인 검과는 달리 구불구
불한 검이다. 시련을 겪고 난 자는 검의 위협을 통과하
면서 검의 위험을 잘 알게 된다. 그래서 그것을 조심스
럽게 다루어야 한다는 것을 알게 된다. 검이 구불구불
한 것은 그 때문이다. 그 검은 조심, 수의, 경계를 의미

한다.

그 검은 또한 템플 기사단의 검이고 생명수로 이르는 길을 지키는 성경 속의(창세기 3장 24절) 옛 기사의 검이다. 검을 그에게 주는 것은 그 옛 기사의 임무를 그에게 부여하는 것이다.

이제 마지막 가장 중요한 단계가 남았다. 견습생과 숙련공의 단계를 거침으로써 세속과의 결별을 이룩했다면 새로운 빛을 만나는 단계가 남아있게 된다. 그 빛은 성스러운 빛이다. 후보자가 장갑과 앞치마와 검을 받은 후에 지부의 세 창을 통해 빛이 들어오고 그 빛이 지부의 양탄자 위를 비춘다. 그 빛은 우주의 빛이다. 해와 달과 불타는 별의 빛. 그리고 지부의 양탄자에는 그 해와 달과 별의 그림이 들어 있으며 그 별 한 가운데는 G라는 글자가 새겨져 있다. G는 신(God)을 의미하면서 우주의 섭리가 압축되어 있는 기하(Geometry)를 뜻한다. 신과 우주의 섭리의 빛이 들어오는 그 창에는 속된 것이 들어오지 못하도록 창살이 쳐져 있으며 아주 드높은 곳에 설치되어 있다. 그 빛이 비추는 순간 속된 냄새가 스며들지 못하도록 유향을 태운다. 프리메이슨의 모든 의식은 처음부터 끝까지 속된 것이 스며들지 못하도록 차단과 결별의 의식으로 이루어져 있다. 그 완벽한 결별이 이루어지는 순간 프리메이슨 회원은 형

제도판 앞에 둘러 앉아 있는 빈 지역의 프리메이슨들. 이 1791년 목판화는 프리메이슨들의 머리 위로 '모든 것을 보는 눈'이 성스러운 빛을 비추는 광경을 묘사한다.

제로 재탄생한다.

물론 그 의식은 한꺼번에 거행되는 것이 아니다. 수련생에서 숙련공의 단계로 올라갈 때의 의식이 다르고 숙련공에서 거장으로 올라갈 때의 의식이 다르다. 그것은 통과제의가 한 번에 이루어지는 것이 아니라 작은 통과제의와 큰 통과제의의 두 부분으로 이루어지기 때문이다. 우리는 통과제의 의식에서 시련이 필연적인 요소인 것을 알았다. 그런데 그 시련은 한 번으로 끝나는 것이 아니라 두 번에 걸쳐 이루어진다. 시련은 언제나 작은 시련과 큰 시련의 둘로 이루어져 있으며 그 둘을 모두 통과해야 정식으로 통과제의를 통과한 것이 된다. 따라서 프리메이슨의 의식에도 작은 시련과 큰 시련이 존재한다.

프리메이슨 단의 등급은 수련생, 숙련공, 거장의 셋으로 이루어져 있다. 수련생의 단계에서 숙련공에 이르기까지 겪는 시련이 작은 시련이고 숙련공에서 거장에 이르기 위해 겪는 시련이 큰 시련이다. 작은 시련 기간은 이미 통과제의를 통과한 거장의 인도에 의해 기초를 닦는 기간이며 큰 시련 기간은 스스로 비밀을 체득해서 자신을 완성하는 기간이다. 그러니까 작은 시련을 거쳐 숙련공이 되는 것은 작은 부활이고 큰 시련을 겪고 거장이 되는 것은 큰 부활이다. 그 어떤 기간에도 가장 중요한 것은 스스로 터득하는 것임은 두말 할 필요가 없다.

또한 프리메이슨의 상징들에는 우리가 주목할 만한 것이 더 있다. 예를 들어 머리 둘 달린 독수리의 상징 같은 것이 그것이다. 또한 수의 신비는 프리메이슨의 의식에서 아주 중요한 역할을 하며 통과제의에 든 순간부터 끝날 때까지 모든 것은 정확하게 셈해지고 측량된다. 신비주의 전통에서 모든 수에 그 의미가 들어 있는 것과 마찬가지이다. 하지만 프리메이슨을 보다 잘 이해하기 위해 따로 수의 신비를 이해할 필요는 없다. 그것은 프리메이슨 보다 더 큰 범주에 속하는 신비주의 전체의 상징을 이해하는 작업이 될 것이기 때문이다.

조지 워싱턴(George Washington, 1732~1799).
미국 건국의 아버지이자, 초대 대통령인 조지 워싱턴은 프리메이슨 단원으로 알려졌다. 프리메이슨 단의 비밀은
회원들이 구체적으로 체험하지 못하면 동참할 수 없는 비밀이었기 때문에 쉽게 대중에게 전파되기 힘들었다.

왜 그들은 비밀 결사 단체일 수밖에 없는기

프리메이슨 단은 비밀이라는 단어와 함께 존재해 왔다. 그들이 비밀을 경험한 사람들의 집단이었고, 그것을 그들 사이에서만 공유하고 나누는 집단이었기 때문이다. 그들이 그들끼리만 그 비밀을 공유한 것은 그들이 세속적으로 특권층이었기 때문이 아니다. 그들이 도덕적으로 깨끗한 사람들, 그래서 남들에게 우월감을 지닐 수 있는 집단이었기 때문도 아니다. 그들이 함께 모여 세속적인 비밀 음모를 꾸미고 있었기 때문은 더욱이 아니다. 그것은 그들이 공유하는 비밀이 비밀일 수밖에 없었기 때문이다.

그 비밀은 공공연히 드러낼 수 없는 비밀, 즉 언제나 비밀일 수밖에 없는 비밀이기에 그들에게는 비밀이라는 단어가 항상 따라다녔다. 그 비밀은 구체적으로 체험을 하지 못하면 동참힐 수 없는 비밀이었기 때문이다. 그 비밀은 공식화시키기 어려운 비밀이다. 남에게 전하기도 어렵고 전할 수도 없는 비밀이다. 물론 예외적인 경우가 있었다. 인류의 위대한 스승들은 그런 일을 가끔 했다. 예수가 하느님의 말씀을 일반 대중들에게 전한 것, 부처가 깨우

침을 민중들에게 설파한 것은 깨달음을 얻은 자들만 공유할 수 있는 비밀을 일반 대중에게 전하고 가르친 것이 아니겠는가? 그리하여 인류의 위대한 종교들이 탄생한 것이 아니겠는가?

그런 의미에서 프리메이슨과 같은 결사단체들은 언제나 종교와 밀접한 관련을 맺고 있었으며 프리메이슨은 종교적 믿음을 가진 자들만이 그 회원이 될 수 있다는 점을 늘 강조해 왔다. 물론 시대의 흐름에 따라 초월적 가치를 인간의 이성과 접목시킨 이신론(理神論)적인 성격을 띤 경우도 있었고 정치적인 격변기에는 현실적인 문제에 보다 큰 관심을 갖고 영향력을 행사한 경우도 있었지만 우리가 지금까지 살펴본 대로 프리메이슨의 기본은 종교성에 있다고 보아야만 한다.

그들이 지닌 종교성과 그 내용이 한 사회에서 용인된다면 그들은 비밀 결사단체가 될 필요가 없다. 이집트 같은 국가에서는 오히려 공식적인 국가의 이념으로서 그러한 집단이 국가를 지도했다는 것을 우리는 이미 확인한 바 있으며 피타고라스가 크로톤에서 실험한 것도 그들 단체가 이끄는 국가를 만든다는 것이었음도 확인한 바 있다. 그들이 비밀 결사단체가 된 것은 그들이 간직하고 있는 비밀, 그들이 깨달은 비의(秘儀)가 용인되지 않는 사회에서 여전히 그 비의를 향한 믿음을 간직하고 있을 때이다.

그런데 그렇게 비의를 간직한 집단과 갈등을 일으키고 그들을 탄압하는 것은 언제나 주도권을 쥐고 있는 공식 종교였다. 뿌리가 같으면서 바로 그 이유 때문에 가장 가까워야 할 사이에 가장 큰 싸움이 벌어지는 일은 역사에서 아주 흔히 벌어지는 일이다. 그리고 가장 친해야 할 형제 중의 한 명이 다른 한 명을 박해하는 일은 성서에도 나올 만큼 인간사에 흔히 있는 일이다. 가까운 우리의 역사에서 한 가지 예를 들어보기로 하자.

'땡초'라는 표현이 있다. 스님 행세를 하고 있지만 진짜가 아닌 가짜 스님을 일컫는 속어이다. 하지만 땡초라는 표현이 당취(黨聚)라는 단어에서 온 것이라는 사실은 잘 알려져 있지 않다. 억지로 해석한다면 '뜻을 같이 하는 무리들의 모임'이라고 볼 수 있다. 그리고 그 속뜻은 '불교의 비의를 간직한 스님들의 모임'이다. 가짜 스님들의 모임이 불교의 비의를 간직한 스님들의 모임이라니? 그 전말은 이렇다.

당취가 결성된 것은 고려 말기이다. 고려 말은 불교가 절정에 달할 만큼 융성했던 시기이다. 그리고 그 세력도 막강했다. 얼마나 세력이 막강했는가 하면 정치까지도 좌지우지할 정도였다. 하지만 일부 뜻있는 스님들에게는 불교가 정치권력까지 장악하는 일이 불교가 진정으로 융성하는 것으로 보이지 않았다. 그들은 오히려 불교가 지녀야 할 본연의 기능을 잃고 세속화되고 타락한 것으로 보았다. 그래서 뜻있는 스님들이 불교의 본연의 의미, 불교가 본래 지니고 있는 비의를 간직하고 닦기 위한 순수 수행 모임을 결성했다. 그것이 바로 당취이다. 당취는 진짜 스님들의 순수 종교적 모임이었던 것이다. 세속적 가치와 결별을 선언하고 오로지 종교적 수행에만 관심을 둔 그런 모임이었다.

그런데 순수 종교적 목적으로 결성된 그 모임이 정치권력을 잡은 스님들에게는 위험스럽기 짝이 없는 존재로 여겨졌다. 그 세력이 커지면 커질수록 자신들이 수행이 부족한 스님들, 더 나가 가짜 스님이 될 위험이 커질 수 있었기 때문이다. 권력을 손에 쥐고 있는 스님들은 묘안을 짜냈다. 국가에서 공인된 신분증을 지닌 스님만 진짜 스님으로 인정한다는 묘안이었다. 그리고는 승적부를 발부했다. 당취에 가입한 스님에게는 승적부를 발부하지 않았음은 물론이다. 거기다가 가짜 스님 행세를 하는 것은 반국가적 대죄를 짓는 것이라며 당취의 스님들을 탄압했다. 그러니 '당취'에 가입한 스님들은 졸지에 가짜 스님이 될 수밖에 없었으며 그 모임은 비밀리에 유지될 수밖에 없었다. 그렇게 하여 당취는 스님들의 비밀 결사단체가 된다. 그리고 당취에 가입한 스님들은 공식적인 승적이 없었기에 가짜 스님으로 여겨질 수밖에 없었다. 당취가 땡초로 바뀌고 땡초가 가짜 스님을 일컫는 용어가 된 것은 그 때문이다. 가짜와 진짜가 뒤바뀌고 가해자와 피해자가 뒤바뀌는 기막힌 일이 벌어진 것이다.

물론 프리메이슨과 같은 신비주의적 믿음을 가진 집단이 비밀 결사단체가 된 전말이 땡초에 얽힌 일화와 완벽하게 일치하는 것은 아니다. 단지 그 일화에서 탄압하는 쪽과 탄압받는 쪽의 근친성을 강조하고 싶었을 뿐이다. 프리메이슨 같이 신비주의를 신봉하는 집단은 바로 그 종교적 색채 때문에 정통 기독교로부터 탄압을 받는다.

초기 기독교, 그러니까 기독교가 단 하나의 유일한 종교가 아니라 다른 종교들과 세력 다툼을 벌이던 시기에는 그 안에 분명히 신비주의적 요소가 들어 있었다. 하지만 기독교가 세력을 넓혀 세계 종교가 되어가면서 신비를 정통 교리에서 지우고 신비를 믿던 무리들은 이교도 섞인 특성 분파가 되어버린다. 이단으로 파문 받고 자신들이 믿는 성서가 폐기되는 것을 그대로 바라볼 수밖에 없었던 그노시스파가 단적인 예이다. 또한 기독교 역사를 피로 물들게 한 카타리파가 그러하며 우리가 이미 살펴본 템플 기사단이 그러하다. 그리고 그것은 어쩔 수 없는 필연적인 결과이기도 하다.

생각해보라. 기독교는 인류 전체의 구원이라는 범세계적인 종교에로의 길을 걸어왔다. 그때 전해지는 교리와 말씀은 보편적인 것이어야 하고 누구나 이해하고 알아들을 수 있는 것이어야 하지 않겠는가? 비의를 체험한 소수에게만 열려 있는 교리를 갖고 전 세계의 일반 대중을 상대로 전파하는 일은 불가능한 것이 아니겠는가? 신비주의는 그들이 간직한 비밀, 비의 자체 때문에 주류가 되지 못하고 분파가 될 운명을 이미 지니고 있었던 것이 아닌가?

그것은 마치 19세기 프랑스 문학에서 상징주의 시가 겪었던 운명과 비슷한 것이다. 보들레르를 시조로 해서 랭보와 말라르메로 이어지는 상징주의는 한 동안 프랑스 시단에서 주류를 형성하고 큰 세력을 떨친다. 하지만 그 기간은 너무나 짧다. 그 뜻이 아무리 고매하더라도 일반인이 알아듣지도 못하고 이해할 수도 없는 그들만의 언어로 시를 쓰는 상징주의가 오랫동안 주류로 남아 있을 수는 없었던 것이다.

혹 이런 반문이 있을지도 모른다. 현대 프리메이슨 단이 1717년 런던에서 탄생한 이래 그 세력은 곧 유럽 전역으로 확산되었고 미국에서 활짝 꽃을 피웠으며 지금도 여전히 거대한 세력을 형성하고 있는데 무슨 현실을 무시한 소리냐는 반문이 그것이다. 하지만 엄밀한 의미에서 신비주의적 교리를 택하고 그것을 실현하려고 애를 쓴 것은 현대 프리

대지부의 프리메이슨 간부들.
대지부는 프리메이슨의 비밀 집회장소인
지부들 가운데 최상급 집회 장소를 의미
한다. 그리고 각 대지부에는 1인의 그랜드
마스터가 존재한다. 그랜드 마스터는 33
개 계급 가운데 최고위 직급이다.

메이슨의 역사에서 18세기에 국한되며 우리가 앞서 살
펴본 프리메이슨의 의식은 대개 그 당시의 것을 참고로
한 것이다. 나중에 다시 언급이 되겠지만 프리메이슨 단
은 역사 속에서 심한 변모를 겪게 되며 프리메이슨이
외형적으로 번성하게 되면서 전통적인 신비주의 정신은
다른 소규모의 비밀 결사단체로 스며드는 결과를 낳기
도 한다.

다시 앞으로 돌아가자. 신비주의적 믿음을 간직한 집
단들은 비주류적인 분파가 될 운명을 이미 그 안에 지
니고 있다. 하지만 그들은 당취가 그러했듯이 그들이 정
통적인 믿음을 간직하고 있다는 신념을 결코 버리지 않

는다. 오히려 그들을 변방으로 내몬 정통 기독교 교리가 종교적 비의를 훼손했다고 생각한다. 누구나 알아들을 수 있는 언어로 종교적 비의를 전파한다는 것 자체가 이미 비의의 훼손이라고 생각하는 것은 그들의 입장에서는 당연한 일이다. 더 심한 경우 정통 기독교에서 섬기는 창조주 자체를 부인하기까지 한다. 12세기 중반 프랑스 남부 카타리 지역을 중심으로 융성했던 카타리파가 그 좋은 예이다.

11세기 후반 불가리아의 보고밀파로부터 영향을 받아 설립된 카타리파는 12세기 중엽부터 12세기 말까지 이탈리아 남부까지 세력이 확장되어 11개의 주교구가 개설되는 등 세력을 떨쳤던 기독교 이단 분파의 하나이다. 그들의 교리는 극단적인 이원론에 입각해 있다. 그들은 조물주에 의한 우주 창조 자체를 부인한다. 그들은 진정한 조물주는 아직 참된 세상을 창조하지 않았다는 극단적인 주장을 한다. 완전히 순수하고 선한 의지를 가진 조물주가 창조한 세상에 어떻게 악이 존재할 수 있느냐는 것이 그들의 논리였다. 따라서 지금의 세상을 창조한 조물주는 가짜라는 것이 그들의 주장이었다. 그래서 그들은 신비주의적 믿음을 간직하고 새로운 세상, 참된 세상이 창조되기를 기다려야 한다고 주장했다. 그러한 극단적인 이단을 로마 교황청에서 두고 볼 수는 없는 노릇이었다. 교황 이노센트 3세는 1181~1229년 3차례에 걸쳐 십자군을 파견하여 이들을 토벌한다. 하지만 너무나 가혹한 토벌이 자행되어 그 잔혹성으로 기독교 역사에 하나의 오점으로 남게 된다. 카타리파는 이때부터 붕괴되어 15세기 초 완전히 소멸된다. 하지만 그 저항 정신은 프랑스 남부에 그대로 이어져 왔으니 마르세유를 중심으로

한 프랑스 남부 지역의 반골 기질과 투쟁 정신은 지금도 유명하다. 그 반골기질과 투쟁 정신을 여실히 보여주고 있는 「라 마르세예즈」가 오늘날 프랑스의 국가(國歌)가 된 것은 상당히 아이러니컬하다.

신비주의자들은 언제나 새로운 종교를 꿈꾼다. 프리메이슨 단이 기존의 종교를 뛰어넘는 새로운 종교를 세우겠다는 야심을 품게 되는 것은 바로 그 때문이다. 각 종교가 지니고 있는 한계를 뛰어 넘어 어느 종교에나 공통되는 비의로 그 모든 것을 묶는 것, 그것이 신비주의적 전통을 간직한 프리메이슨의 궁극적인 지향점이었다. 그것은 솔로몬의 신전을 재건해서 성스러운 제국을 건설하는 일이며 인류의 사원을 건설하는 일이다. 인류의 사원을 건설해야 한다는 요구와 희원이 있을 때 신비주의적 프리메이슨 정신은 언제고 존재한다. 모든 사람들이 동의하고 따르는 종교에 대한 열망이 그 안에 자리 잡고 있는 것이다.

하지만 모든 종교의 한계를 뛰어 넘는 보편적 종교에 대한 열망이 역으로 신비주의적 프리메이슨을 비밀 결사단체로 존재할 수밖에 없게 만든다. 그러한 열망은 비 종파성을 기본 정신으로 하고 있기에 기존의 종교와 충돌할 수밖에 없는 것이다. 조물주의 장조 자체까지 부인하다가 대학살을 당하고 소멸될 수밖에 없었던 카타리파의 운명처럼 보편성을 향한 높은 열망은 어두운 곳에서 외치는 외로운 소리가 될 수밖에 없는 것이다. 그 열망이 세계 제패의 야욕이라는 오해까지 받으며.

제 2 부

역사 속의 프리메이슨

프랑스의 프리메이슨 지부인 '위대한 동방'의 예배당 내부.
18세기까지만 해도 '위대한 동방'은 노동자의 가입을 철저히 금지했다.

비밀, 혹은 비의를 믿는 그들. 운명적으로 공식적인 집단이 될 수 없는 그들. 숨어서 자신들의 믿음을 확인하고 그 믿음조차 비밀로 해야 하는 그들. 그들의 그 비밀은 어떻게 이어져오고 확산될 수 있었을까? 말로 전할 수도 없고 글로 남길 수도 없는데 어떻게 그 비밀이 사라지지 않고 이어질 수 있었을까? 어떻게 비밀을 믿는 세력을 확장할 수 있었을까? 한 마디로 말한다면 신비스럽게 전수된다고 말할 수밖에 없는 그 방법을 설명하기 이전에 할리우드의 거장 스티븐 스필버그 감독의 〈미지와의 조우close Encounters of The Third Kind〉라는 영화를 잠깐 살펴보기로 하자.

〈미지와의 조우〉는 UFO에 관한 영화다. 이 영화가 흥미로운 것은 외계인과의 만남을 일종의 신비와의 접촉으로 그리고 있다는 점이다. 인디애나 지역에 사는 주인공 로이는 정전이 나자 전기를 수리하다가 우연히 UFO를 목격한다. 그 날 이후 로이의 삶은 완전히 바뀐다. UFO에 관한 기사를 모으고, 섬광물체를 목격했던 곳에서 다시 그들이 나타나기를 기다리는가 하면 희미하게 머리에 떠오르는

〈미지와의 조우〉의 한 장면.
스필버그의 〈미지와의 조우〉는 생면부지의 사람들이 신비체험을 한 뒤, 어떻게 공동운명체가 되어 가는지 보여
주는 흥미로운 영화이다.

미지의 형상을 찰흙으로 빚기도 한다. 회사에서 해고되고, 부인마저 아
이들을 데리고 집을 떠나 버리지만 그는 이를 멈추려하지 않는다. 신비
를 경험한 이후의 삶이 그 이전과 같을 수는 없었던 것이다.

영화에서는 결국 그가 외계인들을 만나게 되고 그 장면이 이 영화를
특별한 영화로 만들지만 우리에게 흥미로운 것은 다른 데 있다. 토이는
뉴스를 통해 신기한 경험을 한다. 그는 독가스 유출을 이유로 당국이
주민들을 모두 대피시킨 와이오밍 주의 '데블스 타워'의 모습을 TV에
서 목격한다. 그런데 그 모습이 자신이 알지 못할 힘에 이끌려 찰흙으
로 빚은 형상과 똑같았던 것이다. 그는 자신이 이전에 하던 모든 일을
멈추고 다른 것에 몰두하게 만든 신비스러운 힘이 바로 데블스 타워에
서 왔음을 알고는 그곳으로 향한다. 그런데 그는 그곳으로 향하는 도

중에 그와 똑같은 경험을 하고 그와 똑같이 그곳으로 향하는 많은 사람들을 만난다. 그런데 그들 모두에게는 UFO를 목격한 이후 로이의 목에 생긴 것과 같은 이상한 낙인이 모두 새겨져 있었다.

로이나 그들이나 모두 특별한 신비 체험을 한 사람들이다. 그들의 그 신비 체험은 개인적인 체험이다. 모두 그들 홀로 있을 때 그 신비의 체험을 한 것이다. 하지만 그 개별적인 체험을 그들은 모두 공유하고 있다. 그리고 알지 못할 힘에 이끌려 그들은 같은 곳으로 향한다.

나는 신비 체험의 성격을 이렇게 간단하고 쉽게 요약해 보여주는 경우를 본 적이 없다. 영화에서 와이오밍으로 향하는 사람들은 모두 홀로 특별한 경험을 한 사람들이다. 그들은 이전에 만난 적도 전혀 없었던 사람들이다. 하지만 그들은 그 특별한 경험을 공유한 사람들이다. 그들 사이에 신비스러운 유대감이 생기는 것은 당연하다.

우리는 인류의 조상들에게는 신비주의적 의식이 일반화되어 있었다고 말했다. 그것은 우리의 조상들에게는 일상적으로 아주 쉽게 신비를 체험할 능력이 존재했다는 것을 말한다. 현대인은 그러한 신비를 체험할 능력을 상실했는지 모른다. 그러나 그 잊혀진 능력은 우리의 내부에 잠재해 있다가, 마치 운명처럼 신비스럽게 다시 우리에게 찾아온다. 그 능력, 그리고 신비 자체가 우리의 내부, 우리의 마음속에 존재하는 것이기 때문이다. 〈미지와의 조우〉는 그 신비를 체험한 사람들이 신비스럽게 그 신비 주위로 함께 모이게 되는 것을 보여주는 영화이다.

그들은 미리 약속하고 모인 사람들이 아니다. 그들은 모두 생면부지의 사람들이다. 그들은 신비를 체험하겠다는 계획과 의도를 가졌던 사람들도 아니다. 말 그대로 신비스럽게 신비체험을 한 것이며 그로 인해 공동운명체가 된다. 신비는 신비스럽게 인간이 사는 모든 곳에 그 흔적을 각인시킨다. 그래서 아무 상관이 없는 사람들을 맺어줄 수 있게 하고 사건들을 맺어주게 한다. 그리고 생면부지의 사람들을 신비스러운 힘으로 맺어주게 한다. 저 고대 이집트의 의식과 피타고라스와 프리메이슨이 하나의 맥으로 이어질 수 있는 것도 그 때문이다. 신비주의적 비밀을 간직한 프리메이슨 단이 널리 확산될 수 있었던 것도 그 때문이다.

그 비밀, 혹은 비의를 체험할 수 있는 가능성은 누구에게나 열려 있다. 그 체험은 순전히 개인적인 차원에서 이루어지지만 그 체험의 가능성은 누구에게나 열려 있다. 우리는 모두 인류의 조상의 후손들이기 때문이다. 그래서 그 체험은 아주 특별한 체험이면서 동시에 아주 보편적인 체험이 된다. 그것은 마치 사랑의 경험이 특별한 것이면서 보편적인 것과도 같다. 사랑의 경험은 사랑하는 사람들 사이에서만 특별하게 이루어지고 그 사이에서만 특별한 의미와 감정이 오간다. 하지만 그러한 사랑을 체험할 가능성은 누구에게나 열려 있다. 전 인류를 향해 그런 특별한 사랑의 감정을 지닐 수 있었던 존재들, 그들이 바로 인류의 위대한 스승들이다.

프리메이슨 단의 세력이 확산될 수 있었던 것은 신비에 대한 믿음이 있는 사람들에게 그들의 의식과 교리가 그들을 알지 못할 힘에 이끌리듯 잡아당기는 힘을 느꼈기 때문이라고 보면 된다. 그들을 매혹한 것은 그 신비스러운 힘이지 흔히 생각하듯 구체적이고 현실적인 음모 따위는 아니다. 그들은 현실적인 목표로 뭉친 것이 아니라 비현실적인 신비 자체에 이끌린 것이다. 그것은 UFO를 목격한 로이와 다른 사람들이 알지 못할 힘에 이끌려 같은 곳으로 향하는 것과 같다.

정리해보자. 비밀과 신비의 전수는 순전히 개인적인 차원에서 이루어진다는 것, 그것이 비밀과 신비 전수의 가장 중요한 기본 속성이다. 초월의 경험은 순전히 개인적인 것이기 때문이다. 성령은 각 개인의 마음속에 모습을 드러내지 광화문 한 복판에 나타나지 않는다. 신비주의의 비밀은 그렇게 개별적인 차원에서 이어져 올 수밖에 없다. 그것은 개인적인 깨달음의 형식으로 이어질 수밖에 없다. 그 깨달음은 통과제의를 통해야만 얻어질 수 있는 깨달음이다. 그래서 신비주의의 비밀은 영원히 개인에게 닫혀 있는 비밀일 수밖에 없다. 하지만 바로 그러한 성격 때문에 그 비밀은 누구에게나 열려 있고 언제고 온전하게 부활하고 재생될 수 있다. 인류의 역사와 함께 존재한 통과제의의 비밀이 오늘날까지 온전히 이어져 올 수 있는 것은 그 때문이다. 그 비밀은 개인에게 닫혀 있으면서 동시에 그 깨달음을 얻은 자들이 공유하는 공통의 비밀이며 누구나 그 비밀에 동참할 수 있는 열린 가능성이기도 하다.

물론 모든 현대의 프리메이슨 단에 우리가 지금까지 검토한 신비주의 전통이 고스란히 존재했던 것은 아니다. 더욱이 현대의 프리메이슨 단은 중세의 프리메이슨 단과는 달리 철학적 사색 집단의 성격을 더 많이 띠고 있다. 심지어 18세기 프랑스의 프리메이슨인 '위대한 동방'은 노동자의 가입을 철저히 금지하면서 '아무리 거장이라 할지라도 장인을 받아들여서는 안 된다. 예술과 수공예 분야에서 숙련공이라고 부르는 노동자들도 받아들여서는 안 된다.'라고 선언하기까지 한다. 적반하장이고 굴러 들어온 돌이 박혀 있던 돌을 빼낸 셈이다. 그래서 현대의 프리메이슨 단에게서 온전한 신비주의 전통을 찾아내려는 노력은 헛된 노력이 될 수도 있다. 현대 사회에서 메이슨 단이라는 이름을 한 단체는 하나의 정당과 같은 단체일 뿐이라고 간단하게 폄하하는 사람이 있는 것도 그 때문이다. 그 단체들에는 신비주의 전통과는 배치되는 실증주의 사상, 사회주의적 이념, 인본주의적 이론들로 무장한 단체들도 많다. 게다가 각 지부마다 각기 다른 의식의 양식을 갖는 등 통일성도 존재하지 않는다.

그래서 현대의 프리메이슨 단을 진정으로 신비주의 전통을 간직한 프리메이슨과 이름만 프리메이슨을 표방한 사이비 집단의 둘로 나누어야 한다고 강력히 주장하는 사람들도 있다. 심지어는 어떤 이들은 런던에서 현대 프리메이슨 단이 탄생한 1717년을 전통적인 프리메이슨이 쇠락의 길로 접어든 날이라고 애도하기까지 한다. 전통적인 프리메이슨 의식에 철저한 사람들의 입장이다. 사실 현대 프리메이슨 단이 탄생하면서 프리메이슨 단은 중세의 건축가늘만의 조합이라는 성격을 벗어버리고 온갖 종류의 직업을 가진 사람들에게 문호가 개방된다. 그리고 보다 철학적인 성격을 띠게 되고 프리메이슨의 규율, 성격, 목표들이 새롭게 규정된다. 변함없이 유지되는 것은 비밀에 대한 서약뿐이라고 보면 된다. 중세의 프리메이슨 단에서 실제로 행해지던 통과제의 의식도 상징적인 절차로 간소해진다. 그래서 전통적인 프리메이슨 의식을 고수하는 사람들은 현대 프리메이슨 단이 탄생하면서 전통 프리메이슨의 가장 아름다운 개념, 즉 자유로운 지부에 존재하는 자유로운 메이슨이라는 개념이 그 깊이를 상실하고 타락에 접어들었을 뿐이라고 탄식한다.

그 탄식은 어느 정도 사실이다. 하지만 현대 프리메이슨 단이 프리메이슨 단이라는 이름을 채용한 것은 전통적 프리메이슨단의 기본정신에 이끌려서가 아니었을까? 역사의 변화에 따라 프리메이슨의 의식과 형태는 변화를 겪었고 외형적으로는 전통적 프리메이슨의 모습과 완전히 달라졌더라도 그 기본정신은 유지되고 있지 않았을까? 더욱이 히람의 전설, 템플 기사단의 상징, 통과제의 의례를 여전히 간직하고 있는 지부도 수없이 존재하지 않는가? 수없이 많은 예술인, 철학자, 정치인들이 현대 프리메이슨 회원이 되었던 것은 여전히 존재하는 그 기본정신, 비밀의 힘 때문이 아니었을까? 그렇다면 프리메이슨 단의 구성이 다양해진 것은 꼭 프리메이슨 정신의 타락만으로 보는 것은 무리가 아닐까? 그 구성원이 다양해진 만큼 그 기본정신은 다양한 분야에서 그 분야의 성격에 맞게 변형되어 힘을 발휘한 것이 아니었을까? 프리메이슨은 프리메이슨 회원들만이 지닌 비밀 안에 갇혀 있던 것이 아니라 그 비밀의 내용으로 역사 속에서 어떤 영향력을 발휘하시는 않았을까? 마치 영화 〈미지와의 조우〉에서, 신비를 경험한 사람들에게 각인되어 있던 낙인처럼 역사 속에 프리메이슨단의 신비가 각인되어 있는 것이 아닐까? 이제부터 그것을 검토해보기로 하자. 우선 중세에 깊이 새겨져 있는 프리메이슨의 자취부터.

부르주 대성당(Bourges Cathedral)의 내부.

12세기 말에서 13세기 초에 세워진 부르주 대성당은 프랑스의 위대한 고딕 대성당 중에 가장 크다. 『성당의 신비』라는 책을 쓴 풀카넬리에 의하면 고딕의 어원은 고대 그리스에서 악마를 부르는 '고에티'라는 주문에서 찾을 수 있다.

고딕 성당과 프리메이슨

고딕 예술은 로마네스크미술에 이어 12세기 중기에 번창하기 시작해서 13세기에 프랑스와 영국에서 그 양식이 정립된 예술 양식이다. 그 중에서도 특히 성당 건축에서 활짝 꽃을 피웠으니 우리가 유럽 여행을 할 때 꼭 찾아가서 감탄을 하게 만드는 화려한 성당들은 거의 모두 고딕양식의 건축물들이다. 그런데 실은 그렇게 화려한 자태를 자랑하는 고딕 성당들에 이단의 그림자가 드리워져 있다. 무슨 말인가?

고딕 예술이 서구의 정통 예술로 간주되고 있지 않다는 것은 그 이름을 살펴보아도 알 수 있다. 〈성당의 신비〉라는 책을 쓴 풀카넬리에 의하며 고딕이라는 이름은 '고에티'라는 단어에서 유래했다. 고에티는 고대 그리스에서 악마를 부르는 주문을 뜻한다.

또한 불어에는 아르고argot라는 단어가 있다. 아르고는 은어(隱語)라는 뜻으로 사용된다. 그런데 아르고라는 단어는 고딕 예술, 즉 아르 고트art goth가 줄어서 생긴 말이다. 즉 고딕 예술을 언어에 비유하여 그것은 공식 언어가 아니라 그 무언가 자기들만의 비밀을 간직한 방언이라는 일반적이 생각이 아르고라는 단어를 만들어 낸 것이다.

한 편 프랑스의 인류학자인 질베르 뒤랑은 고딕 예술에 대해 이렇게 말하기도 한다.

> 고딕 예술, 즉 아르 고트는 콜기드(흑해 동부의 콜기스 지방, 그리스 신화의 영웅 이아손이 황금 양털을 구하려고 갔던 지방)의 비밀과 자연의 비밀을 간직한 아르고노트(아이손의 명령을 받아 아르고 배를 타고 황금 양털을 찾아 콜기드로 갔던 인물)에게만 통용되는 언어였으니, 상류 사회로부터 추방되고 저주받은 떠돌이들, 달리 말해 견자(見者)들에게만 쓰이는 방언이었던 것이다.(《신화비평과 신화분석》)

견자(見者)란 무엇인가? 문자 그대로 해석하면 〈본 사람〉이다. 그런데 그 볼 견(見)이라는 글자는 공덕이 높은 스님들의 책에서 자주 볼 수 있으며 프랑스의 상징주의 시인인 랭보는 '시인은 그 무엇보다 우선 견자(見者)이어야만 한다.'고 말했다. 즉 견자는 깨달음을 얻은 자를 말한다. 깨달음을 얻은 자 앞에서는 우주의 비밀이 훤하게 그 모습을 드러낸다. 볼 견자는 나타날 현(顯)이기도 한 것이다. 그러니 견자는 통과제의에 의해서 비밀을 깨닫고 소유한 자와 같은 반열에 속하는 자이다.

또한 예술사가인 엘리 포르는 '프랑스의 성당, 그 창백한 하얀 긴 기둥 속에서는 버드나무와 자작나무 숲, 피카르디 지방과 샹파뉴 지방의 맑고 정명한 숲이 흔들리고 있다.'라고 썼다. 고딕 양식의 성당들을 자세히 들여다보자. '고딕 성당 건축의 영감은 나무들이 심어진 오솔길에서 왔다'고 말한 사람이 있듯이 고딕 양식의 성당에는 자연의 아름다움이 화려하게 되살아나 있다. 성당의 기둥은 나무 가지 자체이며 잎이 무성하고 꽃이 피어있다. 신성은 하늘나라 멀리에 있는 것이 아니라 자연 속에, 그리고 이곳 즉 속세에 존재한다는 생각을 실현시킨 것이 바로 고딕 양식이다. 행복은 하늘나라에만 있는 것이 아니라 지상의 자연에도 존재한다는 생각이 반영되어 고딕 성당은 세속적 아름다움, 자연적 빛, 색, 형태들로 화려하게 장식된다. 세속의 아름다움이 경건한 종교에 도입된 것, 그것이 바로 고딕 양식인 셈인데 그로 인해 고딕 양식의 성당들이 화려하게 도시들을 장식하고 이른 바 '성당의 시대'가 오게 된다. 그렇다면 중세의 프리메이슨들은 자연을 성당 건축에 그대로 옮겨 놓으면서 무슨 비밀을 거기에 심어 놓은 것인가? 자연을 그대로 옮겨 놓은 고딕 예술이 왜 아르고가 되고 견자의 예술이 되는 것인가. 자연과 신성을 결합한 것이 왜 이단이 되는가?

고딕 예술은 기독교와 켈트의 문화가 결합하여 낳은 예술이다. 켈트 문화란 물론 켈트족의 문화를 말한다. 켈트족은 인도유럽어족의 한 일파이다. 유럽의 여러 지역에 흩어져 살던 민족이었지만 남부 독일과 동북부 일부를 제외한 프랑스의 거의 전 지역, 벨기에와 스위스 일부 지역, 영국의 스코틀랜드, 북부 이탈리아가 그 본거지였다. 그러한 켈트 족의 이미지를 금방 떠올리려면 르네 고시니의 만화 《아스테릭스》를 보면 된다. 그 만화는 로마군에 맞서 싸우는 켈트 족(골 족)의 이야기이다.

기원전 250 년 경, 로마인들이 갈리아 지역(불어로는 골 지역)에 살던 켈트 족을 '갈리'족이라고 불렀다. 프랑스인들이 《아스테릭스》를 국민만화로 간주하고 만화주인공인 아스테릭스와 오벨릭스에 열광하는 것은 그 때문이다. 갈리 족은 프랑스의 조상인 것이다. 프랑스의 유명한 정치인 샤를르 드골(de Gaule)의 드골은 '골' 출신이라는 뜻으로서 그가 정통 프랑스 민족, 즉 갈리 족의 후예임을 이름에서 과시하고 있는 셈이다.

하지만 좀 더 엄밀하게 말한다면 골 지역, 즉 켈트의 문화가 꽃피었던 곳은 영국의 웨일즈 지역을 포함하는 유럽 서부 지역이라고 보면 된다. 중세의 아서왕과 원탁의 기사 전설이나 아일랜드, 웨일즈 등에서 전해지는 민담은 모두 켈트 문화의 소산이며 그 영향은 오늘 날 유럽 전역에 퍼져 있다. 크게 보아 유럽에는 그리스로마 신화와, 게르만 신화, 켈트 신화의 세 신화가 존재한다고 말하는 사람이 있을 정도로 켈트 문화는 유럽문화의 커다란 한 축이었다.

《아스테릭스》 만화가 보여주듯이 켈트 지역, 즉 골 지역은 기독교가 지배하는 유럽에서 정통 기독교에 대한 저항이 가장 컸던(로마는 정통 기독교를 상징한다.) 지역이었다. 그들은 로마의 침공에 저항하여 그들이 믿고 있는 전통적 신앙을 간직해온 가장 이교도적인 지역이었다.

골 지역은 유럽에서는 보기 드물게 숲이 울창한 지역으로서 유럽의 다른 지역과는 달리 전원적인 분위기가 지배하고 있었다. 그곳에 살던 사람들은 사냥꾼이자 과실 수확자였고 농부였다. 그들은 자연이 주는 혜택을 누리며 자연에 감사하며 살았다. 그렇기에 그들은 자연과 자연의 빛을 예찬했다. 그곳은 빛의 신인 룩이 지배하는 곳이며 아서 왕 전

설에 나오는 마법사 멀린이 사는 곳이었다. 그곳에서는
신이 저 멀리 천국에 계시는 것이 아니라 자연 구석구
석에서 그 섭리를 구현하고 있었다. 신은 그들에게 풍요
한 먹을거리를 제공해주는 야생 동물들 안에, 그들이
따서 머는 괴임니무들 안에, 그들이 새매히는 농산물
안에 함께 살고 있었으며 자연의 온갖 변화 속에 함께
하고 있었다. 따라서 그곳에는 샤머니즘과 같은 신비주
의적이 종교가 지배하고 있었다. 자연의 풍요로움이 예
찬되면서 유럽에서는 아주 드물게 여성 숭배의 전통이
강한 것도 바로 그 지역이다. 여성의 수태 능력은 자연
의 풍요로움과 동일시되었던 것이다.

골 지역에 기독교가 들어오면서 기독교 자체도 그러한 골 지역의 풍토와 결합되어 변화를 겪는다. 우선 기독교의 정통 교리중의 정통이라고 할 수 있는 원죄설이 부정된다. 그 내용은 펠라기우스의 신학 사상에 잘 요약되어 있다. 펠라기우스는 4세기 후반부터 5세기 초까지 살았던 영국 출신의 수도사이며 철학자이며 신학자이다. 그는 원죄를 부정하고 인간의 자유의지를 강조함으로써 종교회의에서 이단으로 파문을 받는다. 신의 의지 대신 인간의 의지를 강조하는 신학을 주장한 것이다. 그리고 그 핵심에는 자연이라는 단어가 존재한다.

인간이 인간으로서 존재하면서 겪어야 하는 가장 큰 고통은 죽음이다. 그러나 펠라기우스는 죽음도 생명을 부여받은 모든 존재가 겪어야만 하는 자연스런 과정이라고 말한다. 죽음 자체도 자연의 범주에 속한다는 것이다. 인간이 겪어야 하는 최대의 고통인 죽음도 자연의 한 부분으로 간주하는 그의 신학 체계에 고통, 번민, 죄 등의 개념이 핵심으로 들어올 자리는 없다. 모든 것이 선한 자연의 섭리에 속하는 것이기 때문이다.

하지만 안타깝게도 인간에게는 선한 자연의 섭리에 반하는 죄가 존재한다. 그러한 죄는 어떻게 존재하게 되는 것일까? 그는 죄란 자연적 범주에 속하지 않기 때문에 순전히 각 개인의 책임일 수밖에 없다고 단호하게 말한다. 세상을 선과 악으로 나눈 것도 인간의 자유로운 선택일 뿐이며 악에는 자연이 개입되어 있지 않다는 것이다. 달리 말하면 선한 자연을 택하느냐, 자연과는 아무 관련이 없는 죄와 악과 고통을 택하느냐는 개인에게 달려 있다는 것이다. 그가 그렇게 개인이 의지에 문제로 바뀌게 되면 인간은 세상에 태어나면서 이미 죄를 지을 수밖에 없다는 원죄설은 부정된다. 또한 신의 섭리보다는 인간의 자유 의지나 자연의 섭리가 중요한 것이 된다. 펠라기우스의 신학이 왜 이단으로 파문을 당하게 되는지 그 이유를 우리는 쉽게 알 수 있다. 펠라기우스의 신학은 정통 기독교 교리에 정면으로 위배되는 일종의 범신론에 가까워지기 때문이다.

기독교 역사에서 이단으로 추방당한 여러 파들, 즉 에세네파, 그노시스파. 카타리파들은 신비주의적 전통을 간직한 분파들이었다는 것은 우리가 앞서 살펴본 바와 같다. 그들의 교리와 믿음의 형태는 달랐지만 그들이 모두 통과제의를 실행하고 있었다는 공통점을 지닌다. 그들은 비록 탄압을 받았지만 그 믿음이 완전히 사라지지는 않았다. 그들은 기독교 내의 야당이 되어 모든 유파에서 공통되는 신비적인 의미를 밝혀내고 비밀리에 전하려고 애를 쓴다. 그 비의가 그대로 전달되어 남은 것이 바로 중세의 건축가 집단이라는 것은 우리가 이미 말한 바 있다.

신비주의적 전통을 그대로 고수하던 건축가들, 그 비밀을 간직하고 있던 건축가들은 정통 기독교 교리에서 신비주의적 전통이 제기되면서 그 활동이 미미해질 수밖에 없었다. 6세기의 비잔틴 예술이 꽃을 피우던 시기, 성 소피아 성당을 건축하게 되면서 잠시 그들의 역할이 두드러지기도 하지만 대개는 숨어서 신비주의의 전통과 통과제의 의식을 이어온다. 기독교 전통에서 우상 숭배를 금지하는 교리가 엄격히 적용되면서 건축과 조각 활동은 기본적으로 위축될 수밖에 없었던 것이다. 근근이 석공 조합으로 명맥을 유지해 오면서 신비주의 전통을 간직해

노트르담 대성당(Cathedrale Notre-Dame de Paris)의 정문 아치 문양.
센 강 옆에 위치한 노트르담 대성당은 프랑스 성당의 초기 고딕 양식을 대표한다.

온 건축가들이 926년에 프리메이슨 교단을 설립한다. 그리고 성당의 시대가 움트기 시작한 11세기 말부터 고딕 성당 건축에서 그들의 이상과 비밀을 쏟아 넣는다. 건축가들이 간직하고 있던 신비주의와, 자연을 숭배하면서 자연에 신성한 기운이 깃들어 있다고 믿고 있는 켈트 족의 신비주의가 결합하여 낳은 것이 바로 고딕 성당이며 성당의 시대는 그렇게 하여 탄생한 것이다. 정통 기독교 교리에서 본다면 가장 이단적인 믿음이 결합하여 낳은 건물들이 중세 유럽 기독교의 융성을 대변하고 기독교를 대표하는 건조물이 된 그 역설적인 현상! 그러니 신비주의의 비밀은 어느 특정한 건물 한 두 곳에 숨겨져 있는 것이 아니라 자랑스러운 자태를 뽐내며 관상객들을 받아들이고 있는 화려한 고딕 성당 어디에나 스며들어 있는 것이다. 프리메이슨들은 중세의 샤르트르와 생 드니와 상스의 화려한 성당, 저 유명한 파리의 노틀담 성당, 퀼른의 대성당을, 그리고 루아르 강변의 성들을 세우면서 솔로몬 신전을 세울 때의 그들의 염원과 신앙을 심어놓았던 것이다. 우리들 앞에 놓인 그 성당은 종교적 열망에 타오르던 일반 백성, 일반 기독교 신자들의 땀으로 이루어진 건물이 아니다. 그 건조물은 신은 건축가라고 믿고 있던 사람들, 자신들의 작업이 신의 작업과 같은 것이라고 믿고 있던 사람들, 성당 건축은 신성한 작업이라고 믿고 있던 사람들의 작품이다. 그 건조물은 고도의 정신적이고 도덕적인 품성을 지니고 있으며 고도의 기술을 갖춘 거장들의 신성한 작품이다. 그 건물은 천 년 이상을 이어온 신비주의적인 프리메이슨의 경험과 이상이 만든 작품인 것이다.

성당의 시대인 위대한 중세는 14세기 템플 기사단의 대학살과 함께 막을 내리고 고딕 예술도 막을 내린다. 그리고 16세기부터 중세의 프리메이슨도 탄압을 받는다. 그리하여 순수 건축 장인들로 이루어진 전통적인 중세의 프리메이슨 사라지고 1717년 런던에서 새로운 프리메이슨이 탄생한다. 고딕 성당은 신비주의적 전통에 충실한 프리메이슨이 마지막으로 남긴 화려한 인류의 유산이다.

카스파 다비드 프리드리히의 「안개의 바다 위의 방랑자」, 1818

카스파 다비드 프리드리히(Caspar David Friedrich, 1774~1840)는 독일낭만주의 회화를 대표하는 작가이다. '신의 마음'을 느끼고 그것을 재현하고자 한 낭만주의의 이상은, 우주 창조의 최초의 순간을 경험한다는 전통적 통과제의의 믿음과 다를 게 없다.

중세의 프리메이슨 단이 사라지면서 정통 신비주의 전통은 사라진 것으로 보인다. 더욱이 오늘 날의 우리의 입장에서 보자면 신비주의가 사라지는 것이 당연해 보이기도 한다. 오늘 날 누가 신비주의에 대해 공공연히 이야기하는가? 고도의 과학이 발달한 오늘 날 신비주의는 아직 세상 이치를 이해할 능력이 없던 시대의 미개한 사고와 비슷한 것 아닌가? 신비주의란 기독교와 같은 위대한 종교가 탄생하기 이전에 인간이 갖고 있던 미개한 종교가 아닌가? 그게 일반적인 상식이다. 여기서 일일이 그 일반적인 상식을 뒤집으려는 노력은 하지 말자. 단지 그 고유의 의식과 형태는 사라졌을망정 신비주의는 사라지지 않는다는 사실만 강조하기로 하자. 신비주의적 통과제의 전통은 오늘날의 우리의 일상 속에서도 여전히 남아 있음을 우리는 이미 확인하지 않았는가?

1717년 현대 프리메이슨 단이 탄생하면서 건축가들만의 조직이던 프리메이슨 단은 사라졌다. 심지어 프랑스의 〈위대한 동방〉은 그들을 받아들이지 않을 것을 규율로 정한 적도 있다. 하지만 우리가 이미 썼듯이 신비주의가 받아들이고 실현했던 이상과 믿음은, 그 형태만 바뀐 채 실현되고 있다. 그 이상과 믿음이 온전히 실현되는 것도 아니고 통과제의 의식이 온전하게 행해지는 것은 아니더라도 최소한 그 정신의 일부분은 이어지고 있다. 그리고 그 정신은 현대 프리메이슨 단 내부뿐만이 아니라 서구의 문화와 정치의 각 분야에서, 서구가 겪은 역사적 사건에서 영향력을 발휘해 왔고 발휘하고 있다. 이제부터 그 흔적을 찾아가 볼 예정이다.

낭만주의는 18세기 독일에서 일어난 문예운동이다. 질풍노도Strum und Drang 운동과 함께 시작한 낭만주의는 합리적 이성, 보편적 진리 대신에 개인의 직관, 주관적 감정, 상상력, 상대적 가치와 진리를 내세운 운동이다. 독일에서 꽃을 피운 낭만주의는 이웃 프랑스로도 전해져 빅토르 위고를 중심으로 30여 년 간 프랑스 문학사에서 주류의 자리를 차지하기도 한다.

오늘 날의 예술에 대한 개념들이 거의 낭만주의 이론에 빚지고 있듯이 낭만주의는 서구에 존재했던 가장 중요한 문예사조들 중의 하나임에 틀림없다. 또한 간단하게 정의내리기 어려울 징도로 그 의미의 폭이 넓다. 하지만 과감하게 한 가지를 지적하자면 낭만주의는 분명 서구 문예 사조들 중의 주류는 아니며 낭만주의 운동을 낳은 기본 정신은 반서구적이기까지 하다는 것이다. 우리는 서구 문화를 한 마디로 합리주의 사상에 입각한 문화라고 이야기하지 않는가? 합리주의적 이성 대신에 감성을 중시하는 사조가 서구의 주류가 될 수는 없지 않은가?

어쨌든 낭만수의 선반에 내해 김도하는 것이 우리의 목적은 아니다.

우리는 낭만주의의 몇 가지 핵심 개념과 낭만주의의 대가라고 할 수 있는 사람이 실제로 한 말을 중심으로 낭만주의의 핵심 사상을 신비주의에 입각한 프리메이슨과 어떻게 연결시킬 수 있는지만 살펴보기로 하자.

프랑스의 낭만주의 연구가인 레옹 셀리에는 낭만주의를 제대로 이해하기 위한 핵심 단어는 일반적으로 생각하는 것처럼 감성이 아니라 영혼이라고 말한다. 낭만주의가 궁극적으로 목표하는 것은 영혼의 구원에 있다는 것이다. 그런데 그 구원은 은총에 의해 오는 것이 아니라 영혼의 정화를 통해서 온다. 그 구원은 저 높은 곳에 있는 빛을 받아들이면서 오는 것이 아니라 영혼의

프랑스의 대표적인 낭만주의 화가 들라크루아의 「폭풍 속의 성난 말」, 1824.

정화를 통해 인간 내면의 빛을 발견함으로써 온다. 그리고 그 내면의 빛은 통과제의를 통해야만 발견할 수 있다.

빅토르 위고의 유명한 서사시 「여러 세기들의 전설」은 통과제의 의식을 거대한 서사시로 구성한 것이다. 그 서사시는 천상에서 한 자리를 차지하고 있던 루시퍼(악마)가, 본래 천사였던 루시퍼가 지상으로 추락한 후 온갖 시련을 겪은 후에 다시 천상으로 올라가는 대서사시이다. 그 서사시에는 추락과 시련과 부활이라는 통과제의의 모티브가 그대로 들어있는 것이다.

위고는 「여러 세기들의 전설」을 통해, 인류의 역사는 영혼이 타락해온 역사이며 영혼의 정화를 통해 본래의 빛을 찾아야 한다는 것, 그래서 구원을 받아야 한다고 말하고 싶었던 것이다. 그가 〈여러 세기들의 전설〉에서 구원하고 싶었던 것은 개인의 영혼이 아니라 전 인류의 영혼이다. 그 영혼은 하나로 맺어져 있다. 그렇기에 인류의 전설은 단 하나라는 의미에서 단수를 사용했다. 그것은 솔로몬 신전의 재건축을 통해 세상에 단 하나뿐인 성스러운 제국을 건설하고자 하는 프리메이슨의 꿈과 너무나 일치하지 않는가?

한 편 레옹 셀리에는 위고의 다른 작품 즉 「웃는 사람」 같은 작품을 분석하면서 그 작품의 깊은 구조가 통과제의 의식을 고스란히 감추고 있음을 아주 설득력 있게 분석한다.

그렇다면 낭만주의의 본산이라고 할 수 있는 독일의 경우는 어떠한가?

독일 낭만주의의 사상도 위고의 영혼과 미친가지이다. 독일 낭만주

카스파 다비드 프리드리히의 「달을 응시
하는 두 남자」, 1825~30.
독일 낭만중의에서 개인의 자아는 개인적
집착에서 벗어나 세계 및 우주의 끊임없
는 생성, 소멸 운동에 동참하는 자아이다.

의가 그토록 강조한 개인의 자아는 한 개인에게 집착
하는 자아가 아니다. 그 자아는 개인적 집착에서 벗어
나 세계 및 우주의 끊임없는 생성, 소멸 운동에 동참하
는 자아이다. 그 자아는 마치 통과세의를 통과한 개인
이 질적으로 전혀 다른 존재가 되듯이 자신과 함께 세
계 전체의 질적인 변화를 도모하는 자아이다.

　독일의 대표적 낭만주의 시인인 노발리스의 다음과
같은 이야기에는 그러한 낭만주의의 기본 정신이 그대
로 드러나 있다.

낭만화라는 것은 바로 질적 강화이다. 이러한 질적 강화 작용 속에서 저속한 자아는 고차적인 자아와 동일시된다. 우리 자신은 그러한 질적 강화의 연속이다. 저속한 것에다 높은 의미를 주고, 평범한 것에다 신비적 의미를 부여하고, 이미 알려진 것에는 품위를 부여하고, 유한한 것에는 무한의 가상을 부여함으로써 낭만화되는 것이다.

저속한 존재가 고상한 존재로 뒤바뀌는 것, 평범한 것에서 신비적 의미를 찾아내는 것, 유한한 존재를 무한한 존재로 이끄는 것, 그것은 바로 통과제의가 궁극적으로 목표하는 것이 아니겠는가? 한 걸음 더 나가 독일의 낭만주의 시인이며 이론가인 셸링 같은 이는 이 우주 전체가 〈신의 마음의 팽창〉으로 이루어진 것이라고 말하기까지 했다. 성령이 하늘나라에 임해 계신 것이 아니라 세상 만물에 모두 깃들어 있다는 것, 그것은 자연에 성령이 깃들어 있다는 고딕 예술과 그대로 맥이 통하는 것이며 통과제의를 통해 신이 우주를 창조할 때의 그 순간으로 되돌아갈 수 있다는 신비주의의 믿음과 그대로 통하는 것이다. 〈신의 마음〉을 느끼고 그것을 재현하는 것이 낭만주의의 이상이었다면 그 이상은 우주 창조의 최초의 순간을 경험한다는 전통적 통과제의의 믿음과 다를 것이 하나도 없다.

이러한 낭만주의의 이상은 상징주의 예술과 초현실주의 운동 등에서도 약간의 변용을 거쳐서 그대로 반영된다. 자신이 쓴 시가 보이지 않는 절대의 세계까지 연장되는 비밀의 열쇠가 되기를 원했던 상징주의자들, 진실은 현실 너머 보이지 않는 초현실내에 존재한다고 믿었던 초현실주의자들은 모두 신비스러운 의미를 이 세상 내에서 찾은, 이 세상 자체의 질적인 변화 속에서 찾은 신비주의자들이었다. 그렇기에 낭만주의자들, 상징주의자들, 초현실주의자들의 많은 사람들이 프리메이슨 단에 기꺼이 입단했던 것이니 우리가 뒤에 살펴볼 음악가 모차르트 외에, 독일의 대문호 괴테도 프리메이슨 회원이었으며 1912년 독일의 오스왈드 뷔르트라는 메이슨 단원은 「상징주의」라는 잡지를 창간하기도 한다.

요한 볼프강 폰 괴테(Johann Wolfgang von Goethe, 1749~1832).
독일 고전주의를 대표하는 괴테도 프리메이슨 단원으로 알려졌다.

폭격을 위해 비행 중인 B-24.
제2차 세계 대전 중 미국에서 가장 많이 생산된 비행기로, 리버레이터(Liberator)라고도 한다. 태평양을 건너 유럽까지 날아가 임무를 수행했다. 프리메이슨에 대한 음모론을 제기하는 사람들은 제2차 세계 대전의 발발도 프리메이슨이 뒤에서 조종한 결과라고 주장한다.

　프리메이슨 같은 신비주의자들이 왜 비밀결사단체가 될 수밖에 없었는지 우리는 이제 정확하게 이해를 할 수 있게 된 셈이다. 더욱이 합리주의적 사고가 공식적인 큰 흐름이 되어버린 서구에서 그들은 더 은밀하게 그들의 비밀을 전수하고 은밀하게 그 비밀을 공유할 수밖에 없다. 예술사에서, 혹은 종교사에서 반짝 꽃을 피우는 경우도 있지만 곧 주류의 물결에 휩쓸려 다시 은밀하게 숨어들 수밖에 없다. 그리고 역사의 표면보다는 각 개인의 믿음 속에서 그 명맥을 이어올 수밖에 없다.

　하지만 신비주의자들은 우리의 예상과는 달리 역사적인 큰 사건에 그 흔적을 각인시키고, 특히 정치적인 사건에 큰 영향을 미친다. 특히 정치적인 사건에 큰 영향을 미칠 수 있는 것은 정치에서는 사실보다 믿음이 언제나 훨씬 중요한 역할을 하기 때문이다. 그들이 어떤 역할을 했으며 왜 그런 역할이 가능했는지를 살펴보기 전에 아주 간략히 현대 프리메이슨 지부의 중요한 연보들을 정리해보기로 하자.

1717년	런던에서 철학적 사색의 성격을 많이 띤 현대 프리메이슨 단 창설.
1718년	프랑스에 프리메이슨이 전해짐.
1731년	미국 대륙 필라델피아에 프리메이슨 지부 설립. 벤저민 프랭클린 가입.
1736년	프랑스 총 지부 설립.
1738년	보스턴에 지부 설립.
1749년	벤저민 프랭클린 펜실베이니아 지역 지부장에 임명.
1752년	조지 워싱턴 버지니아의 프레데릭스버그 지부에 회원으로 가입.
1772년	조지프 워렌이 미 대륙 전체의 지부장에 취임.
1781년	뉴욕 총 지부 설립.
1791년	모차르트의 「마술피리」 초연(初演).
1799년	영국 의회가 프리메이슨 이외의 비밀 결사 단체 금지함. 즉 프리메이슨은 공식적이고 합법적인 유일한 비밀 결사단체가 된 셈.
1826년	뉴욕 주의 바타비아에서 윌리엄 모건 납치 실종 사건 발생.
1849년	교황 피오 9세 프리메이슨을 포함한 모든 비밀 결사를 금지하는 회칙 공표.
1853년	미국 지부 총회 볼티모어에서 개최.
1975년	스티븐 나이트가 〈살인마 잭, 최종 해결〉이라는 책 발간. 1888년 런던에서 발생한 연쇄 살인 사건을 다룬 책.

*그리고 오늘날 로마 카톨릭은 여전히 프리메이슨 가입을 금지하고 있음.

위의 연표에는 나와 있지 않지만 중요한 사실을 보충하기로 하자. 현대 프리메이슨 단은 런던에서 창립되었고 런던 총 지부가 오랫동안 전 세계 총 지부로서의 역할을 담당했지만 실제로 프리메이슨이 가장 먼저 융성했던 것은 프랑스였다는 사실이다. 대혁명 직전인 1780년에는 프랑스의 프리메이슨 회원의 수가 5만 명을 넘을 정도였다. 그리고 프리메이슨이 미국으로 건너간 것은 프랑스 프리메이슨의 영향에 의한 것이었다는 것, 이후 프리메이슨은 미국에서 가장 융성했다는 사실도 지적해야겠다. 사람들에게 프리메이슨을 음모 집단으로 인식시키는 데 결정적인 역할을 한 윌리엄 모건 사건(뒤에서 살펴보게 될 것이다.)이 벌어지기 전에 미국의 프리메이슨 회원의 수는 10만 명에 달했다.

사실상 오늘 날은 엄밀한 의미에서의 프리메이슨은 존재하지 않는다. 2차 대전 중 나치의 대 탄압으로 2차 대전 이후 거의 영향력을 상실했으며 살인마 잭에 관한 이야기들처럼 계속 제기되는 음모론에 시달리고 정치 현실의 변화들을 겪으며 프리메이슨은 회원들의 상조와 친목을 목표로 하는 소박한 사교집단이나 정치적인 활동에 몰두하는 군소 정당의 하나로 존재할 뿐이니. 프리메이슨 단이 역사적으로 중요한 역할을 담당했던 것은 역사의 격변기 한 복판에서이다.

위의 연표에는 보듯 1717년 영국에서 프리메이슨 단이 설립된 때부터 지금까지 서구 사회는 커다란 역사적 사건을 많이 겪는다. 50년 가까이 진행된 프랑스 대혁명과 미국의 독립전쟁, 세계 대전과 러시아의 공산주의 혁명 등 지구촌의 운명을 바꾸어 놓은 굵직굵직한 사건들이 그 사이에 벌어진다. 그리고 프리메이슨 단의 이념은 직간접적으로 그 사건들과 관련을 맺는다. 프랑스 대혁명이나 미국 독립처럼 프리메이슨의 이념이 큰 역할을 한 경우도 있고 러시아 공산주의 혁명의 토대가 된 마르크시즘처럼 신비주의의 기본 정신이 변형되어 적용된 경우도 있으며 양차 대전 중 나치즘에 의해 철저히 탄압을 받았던 적도 있다.

물론 현대 프리메이슨 단이 겪었던 그런 운명은 통과제의 의식에 충실했던 전통 신비주의 집단이 서구의 긴 역사에서 겪었던 운명과는 다른 점이 많다. 그것은 현대의 프리메이슨 단이 형성된 이래 일률적 규정이 어려울 만큼 그 성격이 다양해졌으며 심지어는 본래의 프리메이슨의 성격에 정반대되는 사람도 회원으로 가입하는 일이 벌어질 만큼 본질이 흐려지기도 했기 때문이다. 18세기의 저 유명한 계몽주의 철학자인 볼테르가 프리메이슨 회원이기도 했다는 것은 프리메이슨 단의 성격이 얼마나 먼 곳까지 가버렸는가를 잘 보여주는 예이다.

하지만 아무리 프리메이슨 단이 복잡 다양해지고 변질을 겪었더라도 그러한 역사적 사건들, 특히 정치적 사건들에는 프리메이슨의 이념과 믿음이 일조를 한 것이 사실이다. 다시 말하지만 정치에서는 사실보다는 믿음이 더 중요한 법이며 정치적 격변기에는 더욱이 그러하기에.

프랑스 대혁명을 주도한 프리메이슨

프리메이슨 단은 과연 프랑스 대혁명에서 주도적인 역할을 했는가? 그렇기도 하고 그렇지 않기도 하다. 분명 프랑스의 프리메이슨은 초창기부터 정치적인 성향이 강했다. 그들은 프랑스의 정치 제도를 지적으로 비판하는 데 몰두했다. 그리고 대혁명에 앞장 선 프리메이슨들도 많다. 하지만 프리메이슨 단이 비밀리에 세상 지배를 하기 위한 계획을 착착 진행하고 있으며 프랑스 대혁명도 그런 음모의 일환으로 벌어진 것이라는 전제하에 대혁명에 관련된 프리메이슨 회원 한 두 사람의 이름을 증거로 내세우는 것은 정말 무모한 짓이다.

그것은 한 단체에 속한 한 두 사람의 행동을 마치 그 집단 모두의 행

루이 16세의 처형, 1793년.
프리메이슨은 1792년 프랑스 혁명의 이정표가 된 박띠 전투를 비롯하여 대혁명 과정에 큰 영향을 주었다고 알려졌다. 그러나 아이러니하게도 이후 공포정치 아래에서 수많은 프리메이슨 단원들이 기요틴의 희생자가 되었다.

동인 것처럼 억지로 꿰맞추는 것과 같은 일이다. 그리고 무엇보다 당시 프랑스의 프리메이슨 단은 각기 다른 성향을 지닌 여러 분파로 분열되어 있었다. 따라서 모든 프리메이슨 단이 일치단결해서 정치에 관심을 가진 것은 아니었다. 어떤 성향의 프리메이슨 단에 소속되어 있느냐에 따라 관심분야가 달랐기 때문이다.

당시 프랑스의 프리메이슨은 세 갈래로 분열되어 있었다. 신비주의적 전통에 충실한 정통 프리메이슨과 현실 속에서의 새로운 세상을 꿈꾸는 프리메이슨, 그리고 사교단체로서의 프리메이슨이 그것이었다.

신비주의적 전통에 충실한 프리메이슨들은 순수함을 지닌 석공들의 조합으로서 중세 프리메이슨의 전통을 그대로 이어받은 정통 프리메이슨들이었다. 하지만 그들은 프랑스의 대지부인 '위대한 동방'에 의해 오히려 배척을 당한다. 그래서 그들은 숙련공을 뜻하는 '콩파뇽'단을 별도로 결성하며 그 단체는 오늘 날까지 이어져 오고 있다. 그들은 엄격하고 긴 수련 생활 등 정통 도제 제도를 그대로 고수하고 있으며 중세 프리메이슨이 행했던 의식을 그대로 이어오고 있으니 어떤 의미로는 그들이 진정한 프리메이슨이며 신성한 비밀 결사단체라고 해도 무방하다. 그들은 정치 현실에는 별 관심이 없었다.

사교 단체로서의 프리메이슨은 가장 멀리 간 프리메이슨이라고 보면된다. 종교를 표방하는 경우에도 그들은 합리적 이성과 결합한 종교인 이신론(理神論)을 믿었고 현실과 타협했으며 결국에는 무신론자들의 집단으로 변질되었다. 그들이 얼마나 본래의 프리메이슨으로부터 멀어졌는지는 사부장 신출 방식민 보이도 알 수 있다. 거장 준의 거장으로서 지부의 총책을 맡고 있는 지부장은 전통 프리메이슨 정신에 의하면 신의 섭리에 가장 가까이 간 사람이다. 그는 누구보다 깨달음이 깊어야 하며 다른 단원들을 정신적으로 인도해 줄 수 있는 완성된 인간이어야 한다. 그런데 사교 단체로 성격이 변한 프리메이슨 지부에서는 지부장을 다수결에 의한 민주주의 방식으로 선출했다. 정치적으로야 가장 앞선 제도를 받아들였는지 모르지만 대신 정신의 완성이라는

'인간과 시민의 권리선언'을 들고 있는 프랑스 혁명의 여신

고독하고 힘든 일은 할 필요가 없는 집단이 된 것이다. 그러한 사교 집단이 무슨 정치적 모의를 해서 주도면밀한 계획을 세우고 행동에 옮겼을 리는 만무하다.

우리가 프랑스 대혁명과 관련지어 살펴보려는 프리메이슨은 그 둘을 제외한 나머지 프리메이슨이다. 그들은 정치에 관심을 가짐으로써 정통 프리메이슨의 정신을 왜곡했는지 모르지만 그 정신을 나름대로 해석해서 사회현실에 적용한 경우라고 보면 된다. 그들은 혁명의 소용돌이에서 나름대로 정치적 비전을 가지고 행동에 나섰을 가능성이 가장 크다. 그들이 정치 사회적 현실에 민감하게 반응했으리라는 것은 다음과 같은 '위대한 동방'의 지부의 목표를 보면 금방 알 수 있다.

우리의 목표는 자연을 아는 것이다. 즉 자연이 품고 있는 힘과 자연의 위대한 업적을 간파하는 것이다. 특히 수와 무게, 척도, 그리고 인간이 사용하기

위한 물건들을 만드는 좋은 방법을 아는 것이다. 특히 갖가지 종류의 거주지와 건축물을 짓는 것이고 인간의 복지에 기여하는 모든 것을 만드는 것이다.

겉으로 보면 자연과 기하학에 대한 예찬이 그대로 들어가 있다. 하지만 결정적으로 달라진 것이 있다. 바로 '인간이 사용하기 위한'이라는 표현과 '인간의 복지에 기여하는'이라는 표현을 그들이 사용했다는 것이다. 그것은 신비주의적 프리메이슨을 지배했던 '위대한 우주의 건축가'라는 개념을 '위대한 현실 건축가'라는 개념으로 바꾼 것을 의미한다. 그 표현에는 신비로운 것, 혹은 신성성이 들어갈 틈이 없다. 대신 그 건조물을 현실 내에서 실현하고자 하는 열망이 표출되어 있다. 프랑스대혁명은 그렇게 현실화된 그들의 꿈을 실현하기 좋은 기회가 아닌가? 전통적인 프리메이슨이 꿈꾸었던 '성스러운 제국'을 현실 내에 건설하기 좋은 기회가 아닌가? 열성적으로 프랑스 혁명에 뛰어들었던 프리메이슨 회원은 그렇게 세속화된 꿈을 실현하고자 하는 열망에 가장 충실했던 단원들이었다.

하지만 설사 그런 목표를 내건 프리메이슨 난이라 할지라도 모두 일사불란하게 움직인 것은 아니었다. 프리메이슨 단 자체가 혁명의 물결 속에서 이리저리 부유했으니 그들이 정치적인 선택을 한 경우도 그들 내부의 결정에 의해서라기보다는 혁명의 물결에 휩쓸려 어쩔 수 없이 그렇게 된 경우가 많았다. 프리메이슨 단이 혁명의 물결 속에서 얼마나 우왕좌왕 흔들렸는지는 혁명기간 동안의 '위대한 동방'의 지부의 모습만 보아도 능히 알 수 있다. 몇 가지 대표되는 것만 연대기별로 정리해

보기로 하자.

- 1789년 혁명이 일어날 당시: 귀족들이 지배하고 있던 '위대한 동방'은 확고한 정치 노선을 정하지 못하고 정치 토론을 금지함. 대부분의 지부는 활동을 멈추게 되고 일부 지부가 정치 클럽으로 변화함.

- 1791년: 유럽 전역으로부터 기존의 질서의 몰락을 꿈꾸는 집단으로 의심을 받음. 그러자 위대한 동방은 옛 프리메이슨 단을 정통으로 계승한 콩파뇽 단을 축출하는 법안을 가결시켜 그들의 오해에서 벗어나려 함.

- 1792년: 발미 전투에서 프리메이슨 단이 큰 기여를 함. 발미 전투란 프랑스에 혁명이 일어나자 프로이센과 오스트리아 연합군이 혁명을 진압하고자 프랑스에 대하여 벌인 전투. 프리메이슨은 전투다운 전투 없이 전투가 끝나는 데 일조를 함. 오스트리아 총사령관도 프리메이슨이었고 프랑스 군의 지휘자인 당통과 뒤무리에도 프리메이슨이어서 '프리메이슨이 형제애'로 전투 없이 전투가 끝난 것. 프리메이슨인 괴테로 하여금 '이날부터 세계사에 새로운 시대가 열렸다!'라고 외치게 만든 전투. 프리메이슨이 혁명 세력의 편에 섰음을 보여주는 사건이었음.

- 이후 1796년까지: 공포정치 하에서 수많은 프리메이슨 회원들이 기요틴의 희생자가 되고 위대한 동방의 지부는 고사 상태에 빠짐. 프리메이슨 단이 민중의 거대한 흐름에서 벗어난 미적지근한 혁명

주의자들로 간주되었기 때문. 탄압을 받은 시기.

- 1797년: 주르드라는 사람의 『진정한 혁명가들』이라는 책과 바뤼엘 신부의 『자코뱅의 역사를 돕기 위한 수상록』 5권이 나옴. 두 책 모두 배후에서 혁명을 음모하고 주도한 것은 프리메이슨이었다고 주장함. 이후 프리메이슨 단은 아예 혁명주의 기관으로 간주되는 결과를 낳음. 특히 뒤의 책은 프리메이슨이 항상 종교를 앞에 내세우는 데 대해 불편한 심기를 가지고 있던 가톨릭의 입장에서 그들이 종교 집단이 아니라 단순한 정치 음모 조직이라고 폄하하기 위하여 쓴 책.

- 1802년: 로에티에 몽탈로가 위대한 동방 재건. 그는 신비주의자였음. 그러나 프리메이슨 단은 나폴레옹이 선포한 제국에 복종. 나폴레옹은 그의 형이자 스페인 왕인 조셉 보나파르트를 위대한 동방의 대지부장으로 임명. 이후 프리메이슨 단은 그들만의 종교나 정치적 신념을 지닌 집단이 아니라 무기력한 나폴레옹 추종 단체로 전락함.

- 1815년: 워털루 전투가 있던 해. 권틱에 복귀한 왕덩파들이 횡제 편에 섰던 프리메이슨을 그야말로 뿌리 뽑은 해. 이후 부침을 거듭하던 프리메이슨 단은 그들의 지주였던 신비주의적인 가치를 완전히 잃어버리게 됨.

위의 간단한 연보에서 우리는 프리메이슨 단이 프랑스 대 혁명기에 일정한 역할을 했던 것을 확인할 수 있다. 하지만 주르드라는 사람과 바뤼엘 신부가 쓴 책의 근거 없는 주장을 제외하고는 프리메이슨이 혁명을 미리 준비하고 계획했다고 말할 증거는 아무 곳에도 없다. 프랑스 대혁명은 프리메이슨이라는 일개 비밀 결사단체의 음모로 발발한 것으로 보기에는 너무나 복잡한 요인이 작용해서 일어난 커다란 사건이다. 프리메이슨 단은 그 거대한 역사의 흐름 속에서 정치적 판단을 유보하기도 하고 구체제의 눈치를 보기도 한다. 또한 혁명에 일조하기도 하고 혁명이 성공하자 혁명의 물결에 봉사하기도 한다. 하지만 프리메이슨 단이 혁명을 기획하고 주도한 세력이 아니었다는 것은 공포정치 하에서 수많은 프리메이슨 회원들이 기요틴의 이슬로 사라져갔다는 것을 보아도 알 수 있다.

하지만 프리메이슨이 프랑스 대혁명에서 아주 큰 역할을 했다는 것 또한 분명한 사실이다. 그 역할은 '위대한 동방'이라는 실제적 조직이 맡은 것이 아니라 프리메이슨의 전통 속에 면면히 이어져 오던 정신이 맡은 역할이다. 우리는 위대한 동방의 지부가 내세운 목표를 인용하면서 "신비주의적 프리메이슨을 지배했던 '위대한 우주의 건축가'라는 개념을 '위대한 헌신 건축가'라는 개념으로 바꾼 것을 의미한다."라고 썼다. 그것은 정통 프리메이슨이 꿈꾸었던 '성스러운 제국'을 현실 속에 건설하는 것과 같다. 프리메이슨들에게 낡은 세상을 타파하고 새로운 세상을 만들고자 했던 프랑스 대혁명의 물결은 시련을 통해 새롭게 탄생한다는 프리메이슨의 통과제의 의식을 현실 속에서 실현하는 것과 같았다. 통과제의를 통해서만 어렵게 체득할 수 있는 비밀, 철저히 개인적인 체험을 통해 이룩될 수밖에 없는 신비주의의 이상이 '자유, 평등,

박애'라는 누구나 공유할 수 있고 또 누구나 공유해야 하는 현실적인 이상이 되어 나타난 것으로 여겨졌다. 그렇기에 프랑스 대혁명을 주도했던 인물들, 예를 들어 당통이나 뒤무리에도 프리메이슨 회원일 수 있었다.

분명히 프리메이슨 단이라는 구체적 집단이 일사불란하게 프랑스 혁명을 주도한 것은 아니지만 그 정신의 일부분은 그대로 수용되어 혁명에 일조를 했으며 많은 프리메이슨들이 혁명에 직접 가담했다. 그들에게 혁명의 이념과 프리메이슨의 정신은 정확하게 일치하는 것으로 여겨졌다. 1789년 바스티유 감옥 습격으로 시작된 프랑스 대혁명은 프리메이슨 단이 보기에 '성스러운 제국'을 현실 속에 세울 수 있는 최고의 순간으로 보였다. 그들이 생각하는 새로운 세상, 그들이 생각할 수 있는 최선의 것이 최대한 실현될 수 있는 순간으로 보였다. 그래서 그들은 기꺼이 프랑스 대혁명에 뛰어들었던 것이다.

한 가지만 더 지적하자. 그들의 그러한 생각은 프랑스 대혁명이 완수되던 당시의 전반적인 사회분위기이기도 했다는 것이다. 당시의 혁명은 대다수의 프랑스 국민들에게 천국이 곧 현실 내에서 실현될 수 있나는 희망을 심어주었다. 혁명의 불길이 타오르는 와중에서 혁명을 주도하는 자들이나 혁명에 뛰어든 국민들은 천 년 왕국이 곧 도래할 수 있다는 '정치적 신비주의'에 의해 지탱되고 있었다. 그리고 그 열쇠 중의 하나를 프리메이슨 단이 쥐고 있었다. 프리메이슨 단의 위대한 왕국 건설의 신비주의가 현실 정치의 신비주의에 젖줄이 되었던 것이다.

나치는 왜 프리메이슨을 탄압했는가

프리메이슨의 역사 전체를 통해 그 단체에 대한 외부로부터의 비난과 의혹은 끊임없이 제기되어 왔다. 암흑 세상을 숭배하는 사탄의 무리라는 혐의를 받은 것은 아주 오래되었으며 18세기와 19세기에는 혁명을 조장하는 무리라는 의혹을 받아 억압을 당했던 사실은 우리가 이미 확인한 바 있다. 하지만 프리메이슨 단이 가장 광범위하게 극심한 탄압에 시달렸던 시기는 양차 세계 대전 기간 중이다. 그 시기는 프리메이슨에 대한 음해와 말살 운동이 가장 활발하게, 그리고 가장 광범위하게 이루어졌던 시기이다. 또한 그 시기에 프리메이슨 단에 대해 가해졌던 음해의 내용이 널리 사람들의 뇌리에 자리 잡게 만든 시기이기도 하다. 그 시기에 그들은 정치적 음모를 지닌 정치 집단으로 낙인찍히게 되며 그 낙인이 오늘 날까지도 지워지지 않은 채 이어져 오고 있는 것이다. 범죄를 저지른 가해자들이 억지로 만든 이미지에 의해 피해자들이 계속 시달릴 수밖에 없는 역사의 아이러니! 이제 유럽 전역을 통해 광범위하게 행해졌던 프리메이슨 탄압의 전말을 살펴보기로 하자.

독일에서는 제 1차 세계 대전의 영웅인 에리히 폰 루덴도르프 장군이 1920년대 프리메이슨 탄압운동을 주도했다. 그는 1차 세계

히틀러의 자서전 『나의 투쟁』에는 프리메이슨이 유대인의 조종을 받고 있다는 내용이 담겨 있다.

대전에서 독일이 패배한 것은 유대인과 프리메이슨 단 탓이라는 소책자를 만들어 배포했다. 뒤이어 나온 히틀러의 《나의 투쟁》이라는 책에도 프리메이슨이 유대인의 조종을 받고 있는 활동 도구라는 내용이 나와 있다.

1933년 1월에 히틀러가 정권을 잡자 프리메이슨에 대한 탄압이 본격적으로 시작된다. 당시 독일에는 프리메이슨 총 지부가 9개 있었고 회원은 8만 명이었다. 나치 정부는 우선 프리메이슨과 지부라는 용어의 사용을 금지시켰다. 그래서 독일 프리메이슨 단의 명칭이 '프레데릭 대제의 전국 그리스도교 조직'으로 바뀌었다.

1934년 괴링은 프러시아에서 가장 전통이 오래된 프리메이슨 단을 해체시켰고 군인들의 프리메이슨 가입을 금지시켰다 .1935년에는 독일 내 모든 프리메이슨 단에 해체 명령이 내려지고 나치 정보부의 수뇌였던 괴벨스는 유대와 프리메이슨이 연결되어 세계적 음모를 벌이고 있다고 경고한다. 그는 민주주의는 프리메이슨들이 좌지우지하는 위험한 제도라고 선전했다.

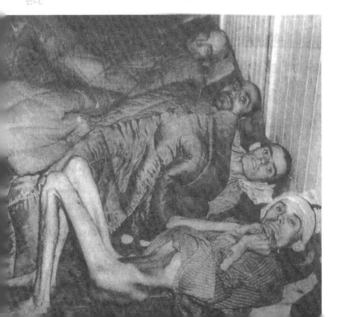

독일군 포로수용소에 감금됐다 발견된 유대인 생존자들. 1937년 독일은 체코와 오스트리아를 접수하면서 대규모의 프리메이슨을 검거한다.

드니어 1937년 수많은 프리메이슨 회원들이 강제 수용소로 끌려갔다. 이어서 독일이 오스트리아와 체코를 접수하면서 대규모의 프리메이슨 검거 광풍이 불이 닥친다. 독일의 지배를 받던 지역에서 몸을 피해 영국으로 도망갈 수 있었던 회원은 5%도 안 되었다.

유럽에 몰아친 탄압 열풍

사정은 이탈리아에서도 마찬가지였다. 1923년 이탈리아의 무솔리니 파시스트 위원회는 프리메이슨 단에 가입해 있던 파시스트들에게 프리메이슨이나 파시스트 중 하나를 택하라는 명령을 내린다. 무솔리니는 이탈리아의 프리메이슨은 영국과 프랑스의 첩자이며 매국노라고 말했다. 저명한 프리메이슨 회원들이 줄줄이 암살당했고 1925년 1월 무솔리니는 모든 프리메이슨 조직의 해산을 명한다. 1925년부터 1927년까지 무솔리니의 부대는 이탈리아 전역의 주요 도시에서 프리메이슨 회원들의 집을 습격했고 최소한 100명 이상이 살해되었다.

스페인에서 프리메이슨은 더 가혹한 운명을 겪었다. 스페인에서는 내전 동안 프랑코 장군이 군대에 의해 프리메이슨 건물이 파괴되었으며 재산이 압류되고 단원들이 처형당했다. 스페인 전 지역에서 프리메이슨 회원들은 수백 명씩 죽임을 당하거나 감옥에 갇혔다. 1939년에는 정식으로 프리메이슨이 불법화되고 회원에 가입하는 것은 형사 범죄가 되었다. 심지어 프리메이슨을 공개 비난하지 않는 사람, 자신이 아는 회원의 이름을 경찰에 밝히지 않은 사람도 체포 구금되었다.

프랑스에서는 파시즘에 동조하는 상하원 의원들이 모여 1935년 반 프리메이슨 의회행동연합을 결성하고 프리메이슨 퇴치를 위해 건곤일척의 싸움을 벌일 것을 선언한다. 1940년 6월 프랑스가 독일에 점령당하고 꼭두각시 정부인 비시 정부가 세워지자 프리메이슨 총본부는 해산되고 재산도 압류 당한다. 프리메이슨 회원들은 직장도 잃고 재산도 잃었으며 심지어는 수용소로 끌려가기도 한다.

전운이 감돌고 있던, 급기야는 양차 대전이라는 소용돌이에 휩싸였던 유럽 전 지역에서 프리메이슨에 대한 탄압이 왜 그렇게 광범위하게 20년 동안 행해진 것일까? 왜 현대의 독재자들은 가장 잔혹한 타도의 대상으로 프리메이슨을 택한 것일까? 그들을 탄압했던 나치나 파시즘의 논리처럼 그들이 유대인의 조종을 받는 정치 집단이었기 때문인가? 나치의 비밀활동에 의해서 그 음모가 낱낱이 밝혀졌기 때문인가?

단언하건대 그런 음모는 존재하지 않는다. 프리메이슨 단이 탄압의 대상이 된 것은 그들이 그런 음모집단이라서가 아니라 전체주의를 실현하기 위해 그런 음모집단을 조작해낼 필요가 있었기 때문이다. 독재자들은 언제나 희생양을 필요로 한다. 국가의 번영과 안녕을 해치는 악의 무리의 위협에 자신들이 놓여 있다는 이미지 조작을 언제나 필요로 한다. 위대한 새로운 국가를 세우기 위해서는 그런 불순한 무리를 청산해야 한다고 선전한다.

양차 대전 중의 나치와 파시스트들에게 그런 여론 조작을 행하기에 프리메이슨만큼 좋은 대상이 있었을까? 자기들만의 비밀을 고수하고 서약하는 집단(스스로 음모를 꾸미고 있다고 고백한 꼴이 아닌가), 솔로몬 신전 건립 신화를 의식에 도입한 집단(유대인의 조종을 받고 있음을 확실하게 보여주지 않는가), 영국에서 시작한 집단(독일의 적인 영국의 힘을 강화하기 위해 세워진 집단) 등등 반 프리메이슨 운동을 그럴듯하게 전개할 명분은 얼마든지 있었다. 유럽의 프리메이슨 단은 그들이 음모를 꾸미고 있었기 때문이 아니라 음모집단의 존재를 필요로 하는 정치권력의 조작에 의해 2차 대전 중 거의 와해될 정도로 피해를 입었으며 그 세력이 약해졌고 2차 대전 후에는 거의 그 영향력이 미미해진다. 하지만 그러한 억압 한 가운데서도 프리메이슨은 완전히 사라지지 않는다. 오히려 미국 같은 나라에서는 지상에 새로운 왕국을 건설한다는 프리메이슨의 '정치적 신비주의' 정신이 독립과 건국의 중요한 이념으로 작용하며 그런 의미에서 현대의 프리메이슨은 미국에서 진정으로 뿌리를 내리고 활짝 그 꽃을 피운다.

미국 역대 대통령의 얼굴이 조각되어 있는 러시모어 산.
왼쪽부터 조지 워싱턴, 토마스 제퍼슨, 시어도어 루즈벨트, 에이브러햄 링컨. 이들 미국 역사상 가장 유명한 인물 가운데 링컨을 제외하고는 모두 프리메이슨으로 알려졌다.

　현대 프리메이슨 단에 대한 음모론이 제기될 때마다 주요 대상이 되는 것이 바로 미국이다. 그 음모론에 의하면 미국은 세계 제패를 꿈꾸는 프리메이슨의 손아귀에 장악된 나라이다. 프리메이슨은 세계 최강대국인 미국을 건립하고 장악함으로써 미국을 매개로 세계 지배의 야욕을 실현시켜 나간다는 것이다. 그것은 미국이 세계 제1의 강대국이라는 것과 미국이 프리메이슨의 활동이 가장 왕성한 국가라는 것을 결합시켜 만들어낸 시나리오이다. 거기다 반 유대적인 정서가 합류하면 프리메이슨에 대한 음모론은 완벽하게 완성이 된다. 프리메이슨 단은 그 기원에서부터 이미 유대인의 작품이라는 것이며 미국을 완전히 장악하게 된 유대인들은 그 오래 된 꿈(수천 년이나 되었으니 차라리 신화라고 하는 것이 있겠다)을 미국을 통해 실현해 나가고 있다는 것이다.

　그래서 세계 단일 정부를 꿈꾸는 사람들이 삼변회라는 비밀 결사단체를 조직했고 록펠러 가문은 비밀 단체들의 연결고리이고 유대출신의 거부인 로스차일드 가문이 일종의 왕국을 형성하고 그 모든 것을 주도해 나간다는 것이다. 프리메이슨 단이 그 비밀결사단체들의 핵심에 있음은 물론이다. 참으로 멋진 시나리오이다. 그리고 프리메이슨 단이 미국 독립 전쟁과 건국에서 맹활약을 했다는 역사적 사실과 결부되어 그러한 시나리오는 더욱 신빙성을 얻게 된다. 우선 역사적 사실부터 검토해보자.

미국 독립과 건국, 그리고 프리메이슨

미국에 프리메이슨을 도입한 사람으로는 존 러스킨, 앤드류 벨처, 대니얼 콕스 등의 이름이 거론된다. 하지만 프리메이슨이 미국에 뿌리를 내리고 미국 독립에 중요한 역할을 담당할 수 있게 만든 인물은 바로 벤저민 프랭클린이다. 주지하다시피 벤저민 프랭클린은 미국의 독립선언문을 기초한 사람 중의 한 사람이다. 그래서 미국 독립의 아버지로 불리기도 한다.

벤저민 프랭클린(Benjamin Franklin, 1706~1790).
미국의 정치가이자 독립의 주역인 벤저민 프랭클린도 프리메이슨 회원이었다. 미국 헌법에 서명한 40명 중 28명이 프리메이슨 회원이거나 관련된 인물이다.

1731년 펜실베이니아의 필라델피아에 프리메이슨 지부가 설립된다. 그리고 벤저민 프랭클린이 여기에 가입한다. 보스턴에 정식 대지부가 설립되기 7년 전이었으니 벤저민 프랭클린이 프리메이슨에 대하여 알고 그것을 접하자마자 곧바로 그 정신에 매혹 당했음을 보여주는 사실이다.

자신이 발행한 「펜실베이니아 가제트」라는 신문을 통해 가장 유서 깊은 형제애 조직이라며 프리메이슨 조직의 역사와 책무, 규약을 소개하는 등 프리메이슨의 세력 확산을 위해 많은 노력을 기울인 프랭클린은 1749년 펜실베이니아 지역 총지부장에 임명된다.

그는 미국의 독립 선언과 독립 전쟁 등 역사적 격변기에도 프리메이슨 정신을 널리 전파하는 일을 멈추지 않는다. 그가 프리메이슨 정신에 얼마나 경도되어 있었던가는 1777년부터 1782년까지 프랑스에 있는 여러 프리메이슨 지부에도 회원으로 가입을 했다는 사실을 보면 알 수 있다. 그래서 당시 그는 '프리메이슨의 모든 형제들이 가장 큰 존경을 보내도 마땅한 인물'이라고 간주되었으며 그가 프리메이슨 회원으로서 보여준 공적은 그가 현실 속에서 누렸던 지위나 그가 행한 그 어떤 업적보다 뛰어난 것이라고 말하는 사람도 있다. 그가 프리메이슨에 대하여 어떤 생각을 하고 그 정신을 전파하고자 하였는지는 그가 프리메이슨에 대하여 한 말을 직접 보면 명확히 알 수 있다.

프리메이슨은 독특한 교의를 가지고 있다. (중략……)그들은 동일한 언어를 말하고 같은 행동을 하는 셈이다. 교의는 절대 잊혀지지 않는다. 교의를 전수받은 이를 추방하거나 가두어도 가진 것을 다 빼앗아 파멸시킨다 해도 비밀은 지켜지고 필요한 상황에 사용될 것이다. 이 교의가 얼마나 긍정적인 힘을 갖는가는 이미 역사적으로 증명되었다. 독재자의 손을 멈추게 하였고 폭군의 폭정을 완화시켰는가 하면 속박의 공포를 이기게 했고 원한을 극복하게 하였으며 정치적 적대감이나 종파 대립의 장벽을 허물었다. 피비린내 나는 전장이나 인적 닿지 않는 숲속, 인파로 붐비는 바쁜 도시에서도 프리메이슨의 교의는 서로를 도우러 달려가게끔, 그리하여 형제에게 도움이 되었음을 기쁘게 느끼게끔 만드는 것이다.

사해동포주의에 가까운 형제애가 프리메이슨의 기본 정신이라는 것, 그 정신이 현실에서 큰 힘을 발휘할 수 있다는 프랭클린의 확신에 찬 믿음을 잘 보여주는 그의 말이다. 한 편 그는 미국 헌법을 기초한 필라델피아 회의에서 이러한 말도 한다.

나이가 들수록 나는 신이 인간사를 주관한다는 진리를 확신하게 됩니다. 새 한 마리도 신의 개입 없이는 떨어지지 않는데 하물며 인간이 세운 나라는 어떻겠습니까. 우리는 '신께서 집을 지으시지 않는 한 집을 지으려는 노력은 모두 헛되다'라는 성스러운 글귀를 믿습니다. 신의 도움이 없다면 정치적 집을 지으려는 우리의 노력은 바벨탑 건설과 다를 바 없으리라는 것이 제 믿음입니다.

국가(정치적 집)를 선설하는 일이 곧 신이 우주를 건설할 때의 뜻을 실현하는 것이며 신의 섭리에 해당한다는 생각을 여실히 보여주는 프랭클린의 위의 말은 우리가 뒤에서 확인하겠지만 프리메이슨의 정신이 미국 건국이념의 토대를 이루고 있음을 확인하게 해준다. 1787년 필라델피아에서 새로운 정부 조직을 구상하는 대륙 회의가 열리는데 그 중심이 되었던 다섯 사람 중 세 사람, 그러니까 조지 워싱턴, 벤저민 프랭클린, 에드먼드 랜돌프가 프리메이슨 회원이었으며 나머지 두 사람, 즉 존 애덤스와 토머스 제퍼슨은 정식 프리메이슨 단원은 아니었어도 그들의 기본 정신에 동의하는 사람들이었다. 또한 미국 헌법에 서명한 40명 중 28명이 프리메이슨과 관련된 인물들이었다. 벤저민 프랭클린이 심취한 프리메이슨의 정신이 미국 건국의 정신으로 그대로 연결되어 있음을 그것은 증명해준다.

벤저민 프랭클린이 프리메이슨 정신을 미국 독립과 건국의 기본 이념으로 삼는데 공헌했다면 미국의 정부 조직 전체를 프리메이슨의 이념 실행 기관처럼 만들고 프리메이슨 정신 전체를 미국이라는 국가의 기본 이념으로 자리 잡게 만든 인물은 미국의 초대 대통령인 조지 워싱턴이다.

1732년 버지니아에서 출생한 조지 워싱턴은 21세이던 1753년 8월 4일 버지니아 프레데릭스버그 지부에서 프리메이슨에 가입한다. 1789년 미국 초대 대통령에 취임한 그는 1790년 로드아일랜드 지부에 보낸 편지에서 '프리메이슨의 기본 원칙들을 그저 적용만 해도 개인의 행복과 공공의 번영이 가능할 것이라는 말씀에 공감합니다. 언제나 우리 조직을 위해 애쓰는 진정한 형제로 받아들여질 수 있다면 큰 기쁨이겠습니다.'라고 쓴다.

조지 워싱턴은 미합중국 초대 대통령에 취임할 때 프리메이슨 뉴욕 지부가 제공한 성서에 손을 얹고 취임 선서를 한다. 미국의 건국이 프리메이슨과 직접 관련이 있음을 여실히 보여주는 대목이다. 물론 대통령이 된 후 조지 워싱턴은 프리메이슨 회원 활동은 활발하게 하지 않는다. 하지만 군 통수권자로서의 조지 워싱턴은 그야말로 프리메이슨

오각형 별 모양을 뜻하는 펜타그램 (pentagram)은 프리메이슨의 주요 상징이다. 음모론자들은 미국의 국방성 펜타곤이 오각형으로 만들어진 이유를 프리메이슨들에게서 찾는다. 미국의 수도 워싱턴의 도시 계획 당시 그들이 의도적으로 디자인해 넣었기 때문이라는 것이다.

단원에게 둘러싸여 있었다고 해도 과언이 아니다. 프랑스 출신의 라파예트 남작, 독일 출신의 폰 슈토이벤 남작을 비롯해 군의 전체 장군의 절반 정도가 프리메이슨이었으며 일반 병사들도 마찬가지였다.

또한 조지 워싱턴이 미합중국의 수도, 그러니까 워싱턴을 건설할 때 프리메이슨의 의식과 지부의 상징들을 다수 도입했다는 것은 공공연한 사실로 되어있다. 그래서 워싱턴이라는 도시는 〈내셔널 트레저〉같은 영화의 소재가 되기도 한다. 또한 프리메이슨은 미국 독립과 건국에서만 큰 힘을 발휘한 것이 아니라 이후에도 미국에서 막강한 영향력을 행사한다.

미국 남북 전쟁 당시 링컨의 명연설로 유명해진 게티스버그 전투에서 희생당한 3만 5천 명 중 5600명이 프리메이슨 회원이었다. 어디 그뿐인가? 역대 미국 대통령의 3분의 1이 프리메이슨 회원이었다. 우리에게 익숙한 이름만 거명해도 우리의 눈이 휘둥그레질 정도이다. 초대 대통령인 조지 워싱턴을 비롯해서 제임스 먼로, 앤드류 잭슨, 시어도어 루즈벨트, 하워드 태프트, 프랭클린 루즈벨트, 해리 트루먼, 제럴드 포드, 린든 B. 존슨, 로널드 레이건 등이 모두 정식 프리메이슨 회원이었으니 건국 초기부터 최근에 이르기까지 미국 대통령의 계보는 프리메이슨 단이 잇고 있는 것이 아닌가 하는 착각이 들 정도이다. 프리메이슨 회원이었던 부통령도 10명이 넘으며 이밖에도 미 국무장관, 대법원장, 상하원의원, 5성급 이상의 장성들 중 프리메이슨 회원이었던 사람은 헤아릴 수 없을 만큼 많다. 저 유명한, FBI의 후버 국장도 프리메이슨 회원이었으며 텍사스가 별도의 공화국으로 존재할 당시 공화국의 모든 대통령과 부통령은 프리메이슨 회원이었다.

그런 사실들 때문에 프리메이슨 단이 새로운 세계 질서를 꿈꾸는 비밀스러운 음모에 연루되어 있다는 주장이 계속 강하게 제기되며 1991년 복음 전도자인 팻 로버트슨은 『새로운 세계 질서라는 책』을 출간하면서 프리메이슨의 음모를 낱낱이 파헤쳤다. 그 책에서 그는 프리메이슨 회원들은 악마 숭배 사상을 퍼뜨려 기독교 신자들의 마음까지 홀리고 있다고 주장한다. 그리고 그의 그 책은 프리메이슨의 정체와 음모를 훤하게 밝혀낸 교과서가 되고 그의 주장은 프리메이슨 단이 세계 제패를 꿈꾸는 악마 숭배 집단임을 증명하는 데 중요한 전거로 언제나 인용된다. 사람들은 언제나 누구에 대한 음해를 좋아하는 법인가? 재빨리 세상에 퍼져나가 사람들의 마음을 사로잡는 것은 언제나 누구를 칭찬하는 내용보다는 음해하는 내용이다. 더욱이 프리메이슨 단이 그들만의 비밀을 간직한 집단임을 스스로 자처하고 있으니 그 내용이 사람들의 마음을 단 번에 사로잡을 것은 빤한 일이다. 우리가 뒤에 확인하겠지만 역사적으로 중요한 시기마다 프리메이슨에 대한 음모론이 제기되어 사람들의 마음에 각인된다. 마치 프리메이슨에 대한 음모론이 알지 못할 힘에 의해 조종되고 조작되고 있는 듯한 느낌마저 줄 정도이다.

하지만 그 음모론은 세상에 음모가 존재한다고 믿은 사람들이 만들어낸 음모일 뿐이다. 그 주장이 강하면 강할수록 그들은 숨어 있는 음모를 밝혀내는 것이 아니라 그러한 음모가 존재할 수밖에 없다는 그들의 강한 믿음을 확인하게 해줄 뿐이다. 실제로 존재하지 않는 것에 대한 강력한 믿음을 가졌다는 의미에서 그들을 진짜 신비주의자들(?)이라고 부르는 게 나을지도 모를 일이다.

사실상 우리가 위에서 열거한 유명한 인물들은 엄밀한 의미에서 비밀결사단체 회원들이 아니었다. 프리메이슨은 미국에서 더 이상 비밀결사단체가 아니었기 때문이다. 그들은 공공연히 자신이 프리메이슨 회원임을 밝혔다. 프리메이슨의 목표나 활동이 미국에서는 은밀하게 감추어질 필요가 없었다. 좀 과감하게 말한다며 오히려 프리메이슨의 이상은 미국의 건국이념과 너무나도 일치했다. 아니, 미국이라는 국가의 설립은 그들이 받아들인 프리메이슨의 이상에서 그 모델을 찾아 이룩되었다고 말할 수 있을 정도이다.

물론 그 이상은 통과제의에 충실한 신비수의석 프리메이슨의 이상이 아니다. 미국 프리메이슨의 이상은 우리가 프랑스 혁명에서 살펴본 '지상의 새로운 왕국 건설'의 이상이다. 그 이상은 천상의 신비스러운 비밀을 지상으로 끌어내려 모두에게 공개하면서 설립된 이상이다. 그리고 그들은 그 공개된 이상을 미국 땅에서 어느 정도 실현했다. 미국은 새로운 왕국을 지상에 건설한다는 세속화된 프리메이슨의 이상이 동력이 되어 세워신 나라나. 그린 의미에서 미국은 신비주의기 뒷받침이 되어 탄생한 나라이다. 물론 그 신비주의는 정치적 신비주의이다. 새로운 왕국의 건설에 대한 믿음에 근거한 정치적 민주주의. 어떻게 그런 이야기를 할 수 있는지 차근차근 살펴보자.

미국의 건국 정신과 프리메이슨

미국의 공식명칭은 United States of America이다. 그 명칭에서 알 수 있듯이 미국은 여러 주들, 심지어는 여러 국가라고도 할 수 있는 이질적 집단들이 연방을 이룩해서 이루어진 국가이다. 더욱이 미국은 단일 민족에 의해 설립된 국가가 아니라 여러 나라에서 온 유럽 이주민들로 이루어진 국가이다. 그러한 하이브리드 적인 특성을 지닌 국가를 어떻게 강력한 결속력을 지닌 하나의 국가로 만들 수 있을 것인가? 미국 독립과 건국의 아버지라고 부를 수 있는 사람들은 신화적 이미지를 이용해 그 결속력을 확립하는 데 성공한다.

미국은 미국의 모국이었던 영국과의 설별을 통해 신립된 나라이다. 그것은 미국의 독립 선언문에 분명히 나와 있다. 미국의 독립 선언문은, 인류가 국가를 설립하고 정부를 조직한 목적은 인민의 정당한 권리인 인민의 생명과 자유와 행복을 보장해주기 위해서라는 것, 현 정부가 그러한 목적을 파괴할 때는 새로운 정부를 조직할 권리가 있다는 선언으로부터 시작된다. 그리고 현재의 영국은 명백히 그러한 인민의 권리를 파괴하는 정부이니 그런 정부를 집어 던지고 새로운 정부를 건설하는

존 데이비슨 록펠러(John davison Rockefeller, 1839~1937). 음모론자들은 록펠러 가문이 세계 단일 정부를 꿈꾸는 음모에 닿아있다고 주장한다.

것은 그들의 권리이자 의무라는 것이다.

미국의 그러한 독립 선언문은 다른 식민지 국가들의 독립 선언문과는 성격이 완전히 다르다. 다른 식민지들의 독립은 불법적인 외부 세력에 붕괴된 자신들의 국가의 권리를 회복하는 것을 의미한다. 우리는 우리가 일제 강점 상태에서 벗어난 그 날을 광복절이라고 부른다. 잃어버린 국가를 되찾은 날인 것이다.

하지만 미국의 독립은 잃어버린 국가를 되찾는 것과는 다르다. 미국은 그들의 뿌리를 부정하면서 출발한 국가이다. 미국은 그들의 핏줄자체를 부정하면서 동시에 새로운 나라를 건립해야 한다는 과제를 안고 출발한 나라이다. 그러한 과제를 앞에 두었을 때 재탄생이라는 개념만큼 적절하고 매력적인 단어가 있을까? 핏줄을 부정하면서 새로 태어난 하나의 민족이라는 이미지로 국가를 묶어 주기에, 시련을 통해 전혀 다른 새로운 존재로 태어난다는 통과제의의 원칙만큼 결 맞는 이념이 있을 수 있을까? 벤저민 프랭클린과 같은 미국 독립의 아버지, 워싱턴 같은 미국 건국의 아버지가 프리메이슨 회원이 된 것은 프리메이슨 단을 결속시켰던 그 큰 원칙에서 미국 독립과 건국의 열쇠를 찾았기 때문이 아닌가? 역대 미국 대통령의 3분의 1이 프리메이슨 회원이었던 것은 프리메이슨의 그 원칙이 미국이라는 국가의 건립 이념과 일치했고 그 이념이 유지되어 왔기 때문이 아닌가?

미국은 건립 시부터 인위적인 요구에 의해서 세운 나라가 아니라는 믿음을 국민 모두에게 심어주는 것이 필요했다. 미국은 그 출발부터 미국인 전체에게 스스로 새로 태어난 하나의 민족이라는 믿음을 심어줄 필요가 있었다. 그래서 미국 건국의 시조들은 기독교적 소명을 강조하는 데 주력했다. 미국은 기독교적 소명에 의해 미국 독립과 건국의 영웅들(신화적 영웅들!)이 세운 국가이고 미국 국민들은 그 건국의 영웅들의 피를 이어받은 후손들이 된다. 미국 건국의 아버지인 워싱턴은 국가에 신의 의지에 기초한 절대적 권위를 부여한다. 그는 미국의 독립과 건국에 구약의 출애굽과 동일한 의미를 부여했고 그에 성공한다. 그렇기에 미국 헌법은 건국의 아버지의 피를 이어받은 민족으로서의 임무를 완수해야 한다는 것을 유별나게 강조한다. 국민들의 자유 의지보다는 국민들을 결속시킬 수 있는 정서적 동일성을 확보하는 것, 그것이 미국 독립과 건국의 기본 정신이다. 이질적인 민족으로 이루어진 미국 국민들이 역사가 오래된 그 어떤 나라의 국민들보다 강한 애국심을 드러낼 수 있는 것은 그 때문이다. 그들은 사상에 '위대한 왕국'을 신설하는 데 성공한 새로 '태어난 민족'이라는 자부심을 공유하고 있다. 미국 독립 전쟁 시의 미국의 프리메이슨이 프랑스의 프리메이슨과 가까웠고 그들의 영향을 많이 받은 것은 그 때문이다. 그들은 새로운 왕국을 지상에 건설한다는 공통 목표를 지니고 있었다. 다시 강조하자. 정치에서는 사실보다는 신비적 믿음이 더 강력한 힘을 발휘한다. 프리메이슨 정신에 기초해서 세워진 미국이 강대국이 되어갈 수록 미국은 프리메이슨 단이 숙명처럼 지니고 있는 '비밀'에 대한 온갖 억측 오해와 결부되어 프리메이슨의 비밀스런 음모에 의해 조종되는 국가라는 온갖 '음모론'의 대상이 된다. 이제부터 우리는 프리메이슨을 둘러싸고 제기되는 온갖 음모론들을 유형별로 살펴보기로 하자.

제 3 부

프리메이슨을 둘러싼
각종 음모론들

JACK THE RIPPER & the LONDON PRESS

L. Perry Curtis, Jr.

살인마 잭을 주제로 영국 예일 대학 출판부에서 출간한 책의 표지.
1888년 런던에서 최소한 5명의 매춘부가 희생된 살인마 잭 사건은, 현장에 남겨진 피 묻은 앞치마와 담당 경찰 국장의 증거 은폐 의혹으로 프리메이슨과의 연관성이 끊임없이 제기되어 왔다.

모차르트의 죽음

내부의 결속을 다지기 위한 범죄들

프리메이슨 단 안에서 무슨 일이 벌어지고 있는지 아무도 모른다. 비밀을 누설하는 자는 죽음을 면하지 못한다.

1756년에 태어난 불세출의 천재 작곡가 모차르트는 35세가 되던 해인 1791년 12월 5일 사망했다. 그가 죽은 후, 그의 죽음이 암살이라는 의혹이 제기되고 그 의혹은 거의 200년 동안 계속된다. 그리고 그 의혹의 중심에는 프리메이슨이 있었다.

모차르트가 프리메이슨 회원이었다는 것은 주지의 사실이다. 그는 28세가 되던 해인 1784년 오스트리아 비엔나의 소규모 프리메이슨 지부였던 '덕행의 지부'lodge zur Wahren Eintracht에 가입한다. 그리고 1785년 4월 11일 '진정한 조화의 지부'에서 숙련공으로 승급된다.

모차르트는 1785년 아버지가 두 번째 등급으로 승급한 것을 기념하여 「동지를 위해」라는 곡을 만들고 「프리메이슨의 기쁨」이라는 곡을 써서 '진정한 조화의 지부'의 거장으로 있던 이그나츠 폰 보른에게 증정하기도 하며 그 외에도 직접 프리메이슨을 위한 곡들을 여럿 작곡한다.

하지만 모차르트가 프리메이슨 단에 의해 살해

볼프강 아마데우스 모차르트(Wolfgang
Amadeus Mozart, 1756~1791).
모차르트는 아버지의 프리메이슨 승급을
기념하여 프리메이슨을 위한 곡을 작곡했
다고 알려졌다.

되었다는 음모론에 휘말리게 된 것은 저 유명한 오페라
「마술피리」 때문이다. 「마술피리」는 역시 프리메이슨 회
원이었던 작곡가 요한 에마뉴엘 시카네더가 모차르트
에게 프리메이슨을 널리 선전하는 오페라를 만들자고
제안하여 만든 오페라이다. 「마술피리」는 시카네더가
극작가 역할을 맡고 모차르트가 작곡가 역할을 맡아
서 완성한 곡이다. 그래서 지금도 「마술피리」의 줄거리
나 무대의 상징들은 프리메이슨의 사상을 대변하며 그
비밀을 감추고 있는 오페라라는 지적이 자주 있게 되고
그것은 어느 정도 사실이기도 하다.

오페라 「마술 피리」는 1790년 9월 30일 비엔나에서
초연된다. 그리고 같은 해 10월 중순 경 모차르트는 발
세크 백작으로부터 「진혼 미사곡」의 작곡을 의뢰받는
다. 모자 달린 회색 망토를 입은 익명의 심부름꾼이 모
차르트에게 찾아와 백작의 말을 전한 것이다. 그런데 진
혼 미사곡을 작곡하면서 모차르트의 긴장상태가 점점
나빠지고 심리 상태도 혼란에 빠진다. 훗날 그의 부인
콘스탄체는 그 당시 모차르트 자신이 죽음에 대해 자
주 이야기를 했으며 「진혼 미사곡」 작곡은 자신의 장례
식을 위한 작업이라는 말을 자주했다고 진술하기도 한
다. 모차르트가 눈물을 흘리며 '난 분명 얼마 살지 못할
거야. 누군가 내게 독약을 먹이고 있는 것 같아. 그 생각

모차르트의 오페라 「마술피리(Magic Flute)」의 한 장면.
오페라 「마술피리」는 서로 사랑하는 젊은이와 처녀가 갖가지 시험과 고초를 통과해 마침내 결혼에 이르는 과정
을 담고 있다. 이 오페라의 도처에는 모차르트가 삽입한 프리메이슨의 상징이 풍부하게 담겨 있다.

을 떨쳐버리지 못하겠어.'라고 말했다는 것이다. 그리고 모차르트 스스
로 자신이 무슨 약에 중독된 것인지도 정확히 알고 있었다고 더 뒤에
진술한다. 그 약의 이름은 아쿠아 토파나였다.

　의혹은 거기서 그치지 않는다. 모차르트의 임종을 지켜본 의사들은
그 누구도 사망 원인이 명시된 사망 확인서를 남기지 않는다. 부검도
없었다. 곧이어 언론에서는 그의 죽음이 독살일지 모른다는 추측 기사
가 나오게 된다. 의혹은 커질 수밖에 없었다. 모차르트가 상식을 뛰어
넘는 위대한 천재였다는 것도 그 의혹에 불을 지른다. 천재는 그 자체
어느 정도 비밀스러운 면을 지닌 존재가 아니런가?

애초에는 모차르트의 유명한 라이벌 작곡가였던 살리에르에 의해 그가 독살되었다는 소문이 무게를 얻는다. 하지만 그 혐의는 곧 프리메이슨 단에게 옮아가고 '누가 왜 모차르트를 죽였는가, 프리메이슨인가 살리에르인가,' 만이 관심의 초점이 된다. 그리하여 그의 독살설은 거의 200년 이상을 의심할 여지가 없는 사실로 간주된다. 그리고 그의 죽음을 둘러싼 의혹을 소재로 한 수많은 책과 소설과 영화가 나온다. 예를 들어 피터 쉐퍼의 희곡을 바탕으로 만든 밀로스 포먼 감독의 1984도 영화 〈아마데우스〉에서는 모차르트를 독살한 당사자가 살리에르이며 그가 자책감에 자살한 것으로 그려져 있다.

하지만 사람들은 프리메이슨이 모차르트를 은밀하게 독살했다는 음모론을 더 신빙했다. 살리에르를 그 음모에 등장시키는 경우에도 그를 하수인 정도로 생각하는 것이 일반적이었다. 그렇다면 프리메이슨은 왜 모차르트를 독살했는가?

사실 그 이유를 찾는 것은 그다지 어려운 일이 아니다. 누구든 프리메이슨에 입단하여 숙련공 단계에 이르게 되면 엄숙한 서약을 한다. 그 서약문에는 '향후 프리메이슨의 이름으로 알게 되는 비밀이나 수수께끼를 기꺼이 받아들이고 간직하며 신입 도제나 비회원에게 절대 발설하지 않은 것을 맹세한다,'는 내용이 들어 있으며 만일 그렇게 하지 못한다면 '내 왼쪽 가슴을 베어 심장을 뜯어내고 이를 하늘에 던져 굶주린 새가 먹게 하거나 들판에 버려 짐승의 먹이가 되게 하는' 가혹한 형벌을 기꺼이 감수하겠다는 내용이 들어 있다. 모차르트가 프리메이슨에 의해 독살되었다는 것이 사실이라면 그는 그 서약을 깨고 그 무

언가 비밀을 누설했기 때문이다. 그리고 그가 자신이 죽어가는 것을 알고 있었으면서 순순히 그 죽음을 받아들인 것은 서약의 두 번째 부분을 준수하기 위해서였다.

모차르트 사후 그러한 추리를 입증하기 위한 분석도 여럿 나오고 책도 나온다. 예를 들어 「마술피리」가 겉으로 보기에는 프리메이슨 단을 위한 오페라이면서 속으로는 프리메이슨의 음모를 폭로하는 내용이 들어있다는 분석이 나오기도 한다. 또한 모차르트는 프리메이슨의 계율에 복종하지 않았으며 그의 죽음은 그의 불복종의 결과라고 주장하는 책도 나온다. 그리고 모차르트가 음모의 희생자라고 생각하는 사람들은 공통적으로 「진혼 미사곡」을 작곡해 달라는 발세크 백작의 말을 전한 미지의 인물을 내세운다. 회색망토를 입은 그 수수께끼 같은 인물은 백작의 심부름꾼이 아니라 프리메이슨에서 보낸 사형 선고인이라고 주장하는 것이다. 모든 것이 반론의 여지없는 명백한 사실처럼 보인다.

물론 최근에 이르러 모차르트는 독살 당한 것이 아니라 류머티즘 열에 걸린 사람의 전형적이 증상을 보인 것이라는 주장이 과학적인 입증과 함께 제기되었고 모차르트가 살해되었다는 그 어떤 역사적 증거도 존재하지 않는다는 주장이 힘을 얻고 있지만 모차르트가 은밀하게 살해되었다는 의혹이 완전히 자취를 감춘 것은 아니다. 그가 프리메이슨에 입단하면서 알게 된 비밀이 무엇이었는가, 라는 의혹이 밝혀지지 않는 한 사라지지 않을 그 의혹. 우리가 확인했듯이 그 비밀은 시원하게 밝혀질 수 없는 것이기에 완전히 사라지기 어려운 그 의혹.

윌리엄 모건 사건

이번에는 무대를 미국으로 옮겨보자.1825년 윌리엄 모건이라는 사람이 뉴욕에 있는 '웨스턴 스타' 프리메이슨 지부에서 로열 아치 등급을 부여받는다. 당시 미국에는 프리메이슨이 대단한 세력을 떨치고 있었다. '뉴욕 총 지부' 산하의 '지부' 수가 227개나 되었던 것만 보아도 프리메이슨이 얼마나 널리 퍼져 있었는지를 안 수 있다. 하지만 역설적이게도 프리메이슨이 융성했다는 것은 그 단체가 본래의 엄격함을 어느 정도 상실하고 사회적으로 공인된 사교(社交) 집단으로서의 성격을 많이 띠고 있었다는 의미도 된다. 윌리엄 모건이 프리메이슨에 쉽게 입단할 수 있었던 것은 당시의 프리메이슨의 그러한 성격에서 기인한다. 하지만 윌리엄 모건이라는 사람은 그 정체가 불분명한데다가 평판도 좋지 않은 사람이었다. 게다가 그는 프리메이슨에 입단할 때도 프리메이슨에 이미 입단해 있는 주변 사람에게 억지로 보증을 부탁해서 들어왔다. 그런 여러 가지 이유로 그는 곧 회원 명단에서 삭제된다.

그러자 앙심을 품은 그는 프리메이슨의 비밀을 밝힐 책을 써두었고 이미 출판 계약까지 맺어놓았다고 프리메이슨 단에 협박을 가한다. 그리고 그의 협박 건은 곧 신문에 실린다. 신문은 '그의 협박에 프리메이슨 형제들이 크게 분노했으며 비밀이 폭로될지도 모른다는 생각에 안절부절 어쩔 줄 모르고 있다'는 취지의 기사를 실었던 것이다. 사람들은 프리메이슨 단에 무슨 엄청난 비밀이 숨어 있을지 모른다는 생각에 호기심 반, 의혹 반의 시선으로 그 사건에 주목한다. 그러던 중 결정적인 사건이 발생한다. 모건이 경찰에 체포되는 일이 벌어진 것이다.

그의 죄목은 셔츠와 타이를 훔쳤다는 절도죄였다. 무슨 이유에서인지 그는 곧 방면되었다가 이번에는 2.68달러의 빚을 갚지 못했다는 죄목으로 다시 체포되어 감옥에 갇힌다. 하루가 지나자 누군가가 대신 돈을 갚아주었고, 석방된 그는, 그를 기다리고 있던 몇 사람에게 이끌려 마차를 타고 어디론가 떠나버렸다는 이야기가 전해졌다. 그리고 그는 영영 사라진 인물이 된다.

GREAT KIDNAPING FUROR took place in 1826 over disappearance of William Morgan, a renegade Mason who was supposedly abducted and then killed by Masons. *Harpers* drawing shows Masons forcing Morgan into coach.

신문에 묘사된 윌리엄 모건의 납치 장면.
프리메이슨들이 강제로 모건을 마차에 태우는 광경을 그리고 있다.

  모건이 그렇게 사라지자 프리메이슨 회원들이 그를 납치해서 죽여 버렸다는 소문이 퍼진다. 그가 감옥에서 나와 마차에 억지로 밀어 넣어졌을 때 '사람 살려!'라고 외치는 비명 소리를 들었다는 사람도 나왔다. 얼마 후 수사 끝에 모건의 납치 용의자들이 체포된다. 게다가 네 명의 납치범들은 모두 프리메이슨 회원들이었다. 시체가 없었으므로 납치 죄만 적용된 그들은 2년 4개월의 징역형을 사는 것으로 그친다. 그들이 징역형을 살았다는 것은 프리메이슨 회원들이 그의 납치에 직접 관여했다는 것이 명백한 사실임을 입증하는 것이나. 물론 그의 시체가 발견되지 않았으므로 그가 살해되었는지 아니면 그냥 아주 먼 곳으로 떠나버린 것이지는 아무도 모른다. 프리메이슨 회원들이 그를 납치한 후 거금을 그에게 주고 다시는 뉴욕으로 돌아오지 않겠다는 서약서를 받았다는 이야기도 전해지니까 납치 이후의 그에게 무슨 일이 벌어졌는지는 밝혀진 것이 아무 것도 없다.

  그가 살해되었다는 증거는 나오지 않았지만 프리메이슨의 비밀을 밝히는 책의 출간을 막으려고 프리메이슨 회원들이 그를 납치했고 그가 증발해 버렸다는 것은 부인할 수 없는 사실이 되었다. 그러자 프리메이슨 반대 운동이 가뭄 끝에 일어난 산불처럼 미국 전역으로 번져 나갔다. 반 프리메이슨 집회가 열리고 언론과 종교계 모두가 프리메이슨을 비판하고 나섰으며 오로지 프리메이슨에 반대하고 그것을 비판하기 위한 신문까지 발행된다. 프리메이슨의 위력이 대단하던 시절이었던 만큼 반 프리메이슨 운동은 미국 사회 전반에 커다란 영향을 미친다. 그 운동의 영향을 비껴갈 수 있는 단체나 시민, 군인, 종교인은 아무도 없었다고 어떤 프리메이슨 역사가(로버트 굴드)가 썼을 정도였다. 10년 가까이 지속된 그러한 운동의 영향으로 미국 전역의 프리메이슨 지부의 수는 1/5 정도로 줄어든다.

설상가상으로 전에 프리메이슨 회원이었던 에드워드 기든스이 폭로성 글이 공개된다. 그는 그 글에서 프리메이슨 조직이 심하게 부패한 조직이라는 것, 프리메이슨단은 그 단원들이 사회적으로 부당한 특혜를 누릴 수 있도록 부정한 일을 예사로 저질렀으며 거기 가입한 특권층은 어둠 속에서 비밀스럽게 사람들을 통치했으며 윌리엄 모건은 그 모든 것을 목격하고 이를 막기 위해 최선을 다한 영웅이라고 썼다. 그리고 그는 이렇게 호소

전(前) 프리메이슨 회원 에드워드 기든스는 윌리엄 모건을 옹호하는 한편 프리메이슨의 비리와 음모를 폭로하는 글을 공개했다.

력 있는(?) 문장으로 글을 맺는다.

'결국 우리의 감옥이나 국가의 모든 성채가 프리메이슨의 손아귀에 들어 있고 얼마든지 납치와 살인이 가능한 상황에 우리는 놓여 있다. 자유롭고 애국적인 이들이여, 이를 가만히 두고 보아야 하겠는가? 친애하는 시민들이여, 이 글을 읽고 대답해 보아라. 살인을 저지르고도 처벌을 피할 수 있는 그런 비밀 조직이 우리 사회에 존재하는 것이 옳은 일인가? 프리메이슨 회원들은 바로 이런 일을 해 왔다. 그들은 서약으로 서로를 보호한다.

이러한 서약과 원칙을 가진 이들이 우리 자유로운 국가를 좌지우지하도록 놓아두겠는가?'

그의 글에 의해 프리메이슨은 국가의 운명을 비밀스레 좌지우지하는 비밀 정부 같은 것이 된다. 그들은 국가의 운명을 좌지우지하는 비밀단체일 뿐 아니라 결국에는 미국의 정치와 종교 제도를 전복시킬 목표를 가지고 있는 위험한 단체가 된다. 그리고 그러한 믿음이 미국 전역을 통해 대중에게 들불처럼 번져나갔다. 심지어는 '반 프리메이슨 당'이라는 미국 정치사에서 유일한 제3의 당이 창당되는 일까지 벌어졌다. 반 프리메이슨 운동은 국민적 정서에 부응하는 운동이라는 성격까지 띠게 된 것이다. 프리메이슨은 미국 사회의 하나의 공적(公敵)이 되어 반 프리메이슨의 기치 하에 미국인들을 단결시킨, 뜻하지 않은 공적(功績)을 세운 셈이다.

모건 사건 이후 미국의 프리메이슨 단은 현저히 쇠퇴한다. 그들은 더 이상 공개적인 의식을 치르지 않게 되었으며 정치적 야망이 있거나 여론을 의식하는 사람은 프리메이슨에 가입하지 않았다. 하지만 역설적인 현상이 동시에 벌어진다. 19세기 전반에 반 프리메이슨 열기가 미국을 휩쓸고 지나간 후 19세기 후반에 새로운 비밀 결사단체들이 우후죽순처럼 생겼던 것이다. 프리메이슨의 세력은 약해졌어도 그 무언가 비밀을 공유하는 사람들끼리 함께 하고 싶다는 열망은 사라지지 않은 것이다. 과연 그 비밀은 무엇인가?

　모건의 납치와 증발에 프리메이슨 단이 관여했다는 것은 상당히 신빙성이 있다. 그리고 그가 프리메이슨 단에 의해 살해되었다는 것은 사실일지도 모른다. 그렇다면 그것은 분명히 범죄이고 그러한 범죄를 저지른 집단은 위험한 집단이다. 하지만 분명한 것이 있다. 그 일은 19세기 전반, 미국에서 벌어진 일이라는 것이다. 우리가 앞서 살폈듯이 프리메이슨의 역사는 서구 문명사 전체만큼 길다. 심지어 인류의 역사가 시작되는 것과 동시에 프리메이슨의 의식(儀式)이 존재해왔다고 우리는 말했다. 따라서 19세기 미국에서 벌어진 일을 모델로 하여 프리메이슨의 비밀을 모두 밝힐 수 있다고 말하는 것은 어폐가 있다. 더욱이 그 일이 프리메이슨 전체가 관여된 일이 아니라 왜곡된 일부 광신도들이 저지른 일이라면? 어느 집단에건 왜곡되거나 극단적인 생각을 가진 부류는 있는 법이 아니던가?

　모건 사건 이후 프리메이슨 단은 사악한 음모를 꾸미는 집단이라는 생각이 일반인들의 무의식 속에 은연중에 자리 잡게 되었다. 하지만 모건 사건 이외에도 프리메이슨 단에 대한 부정적인 인식을 갖게 만든 사건들은 여럿 있었다. 미국 헌법이 공표된 지 4년이 지난 1791년, 프리메이슨 회원이 아닌 사람들이 장난으로 가짜 프리메이슨 입회식을 열다가 한 사내를 죽음에 이르게 한 사건은 프리메이슨 지부 안에서 해괴한 일이 벌어지고 있다는 부정적인 생각을 일반인들의 뇌리에 심어 놓았으며, 프랑스 혁명기에 '혁명을 주도한 사람들은 프리메이슨들이었다. 그들은 혁명가에게 선전을 보장해 주었고 자금까지 대주었을 것이다.'라는 주장을 편 주르드의 책, 같은 시기 '메이슨 들이 그들 지부의 암흑 속에서 오랜 세월에 걸쳐 혁명을 준비했으며 폭력과 무정부주의, 피바다를 조장했다.'라는 주장을 편 바뤼엘 신부의 책 등은 역사를 왜곡하여 프리메이슨을 본래의 목적과는 거리가 먼 혁명기관 같은 것으로 만드는 데 크게 일조했다.

살인마 잭 사건

이번에는 영국의 런던으로 무대를 옮기자. 1888년 8월 31일 매춘부인 매리 앤 니콜라스가 화이트 채플 지역에서 살해된 채 발견된다. 그리고 8일 후 또 다른 매춘부 애니 채프먼의 사체가 핸버리 거리 뒷골목에서 발견된다. 이어서 한 달 동안에 세 명의 매춘부에 대한 연쇄 살인 사건이 잇달아 벌어진다.

사건이 사건인지라 런던 경찰 범죄수사본부에서 사건을 직접 담당한다. 하지만 도무지 용의자의 흔적조차 찾을 수 없었다. 그런데 9월 29

FINDING ᴛʜᴇ MUTILATED BODY IN MITRE SQARE

1888년 영국 런던의 신문에 실린 살인마 잭 사건의 범죄 현장.

일 용의자의 이름이 알려진다. 스스로 '살인마 잭'이라고 서명한 편지에
서 용의자는 '나는 매춘부가 싫다. 잡히기 전까지 나는 살인을 계속할
것이다.'라고 선언한다.

목격자든이 진술을 토대로 용의선상에 올리은 사람들을 조사하는
등 수사를 활발하게 진행되었지만 범인의 정체는 날이 갈수록 오리무
중이었을 뿐이다. 모든 런던 시민들의 이목이 이 사건에 집중되어 있는
와중에 돌발 사건이 하나 일어나게 되고 그것이 살인마 잭 사건을 프
리메이슨 단과 연결시키는 결정적인 계기가 된다.

범인은 네 번째 희생자인 캐서린 에도우즈를 살해한 후 중요한 단서
를 하나 남기게 된다. 피로 얼룩진 앞치마가 화이트채플 굴스턴 거리에

서 발견된 것이다. 그리고 그 앞치마가 발견된 앞쪽 벽돌 담장에 '유다인Juwes은 비난받을 이유가 없는 존재다.'라고 씌어 있었다. 그런데 당시 현장을 조사하던 런던 시 경찰 국장인 찰스 워렌 경은 그 글씨를 지워버리게 했다. 그는 유다인Juwes라는 단어가 유대인Jewes로 잘못 해석되어 반 유대 폭동이 일어날 수도 있을까봐 그 글씨를 지운 것이라고 해명했다. 하지만 워렌 경이 프리메이슨 단원이었기에 그가 그 글씨를 지운 것은 살인마 잭 사건이 프리메이슨과 관련되어 있다는 것을 은폐하기 위해서라는 의혹이 제기되었다. 그러나 범인은 끝내 잡히지 않고 사건은 미해결로 결말이 나버린다.

런던 전체를 들썩이게 했던 그 유명한 사건이 미해결로 끝이 나 버렸다는 사실은 그 사건 뒤에는 거대한 음모가 숨어 있을 수도 있다는 사람들의 의혹을 더욱 증폭시킨다. 그리고 거의 한 세기 후에 스티븐 나이트는 『살인마 잭, 최종 해결』이라는 책을 써서, 자신이 그 의혹을 시원하게 밝혀냈다고 주장한다. 그 책은 '워렌 경은 왜 그토록 황급히 증거를 없애버렸을까?'라는 질문으로부터 시작한다. 그 책에 의하면 그 살인 사건은 프리메이슨의 저 유명한 형제애에서 비롯된 것이다. 프리메이슨 단원들은 형제를 위하는 일이라면 설사 살인이나 반역 같은 일이라도 서슴없이 저지를 수 있을 만큼 돈독한 형제애를 과시한다고 그는 주장했다. 그리고 그가 없애버린 증거, 즉 Juwes라는 단어는 히람 전설에서 히람을 살해한 세 인물을 가리키는 것이며(히람 전설에 대해서는 후에 살펴보게 될 것이다.) 앞치마는 프리메이슨의 대표적 징표라고 주장했다. 그리고 그것은 어느 정도 사실이기도 하다.

그가 주장하는 사건의 전말을 간략히 요약하면 다음
과 같다. 빅토리아 여왕의 손자인 앨버트 왕자가 미천한
신분을 지닌 점원 출신의 애니 크룩이라는 여자와 남
몰래 결혼하여 아이를 낳았다. 더욱이 그 여자는 가톨
릭교도였다. 왕자의 친구는 유모를 고용했고 유모는 비
밀리에 태어난 왕손을 돌보고 있었다. 그런데 당시 영국
은 정치적 격변기를 맞이하고 있었다. 그러한 격변기에
왕위 계승 서열 2위인 왕자가 하류층의 무식한 가톨릭
교도와 결혼해 자식까지 두었다는 사실이 알려지면 왕
실이 붕괴될 위험까지 있었다. 당연 고위층에 널리 자리
를 차지하고 있던 프리메이슨 회원들의 지위와 권력도

위협받을 수 있었다.

얼마 후 매춘부가 된 유모가 다른 동료들에게 그 비밀을 털어 놓았고 그들은 그 사실을 폭로하겠다고 정부에 협박을 한다. 프리메이슨 회원이었던 당시의 총리인 윌리엄 걸은 매춘부들을 죽이기로 결심하고 프리메이슨 형제들에게 부탁하여 일을 말끔하게 처리한다.

이상이 스티븐 나이트가 소설 형식으로 밝힌 살인마 잭 사건의 전말이다. 또한 셜록 홈즈가 등장하는 1976년도의 영화 〈명령에 의한 살해〉도 동일한 내용을 다루고 있으며 총리가 홈즈를 불러 수사의 중단을 요구하는 장면은 사람들에게 충격을 주기에 충분하다.

미해결로 끝난 살인마 잭 사건, 스티븐 나이트의 소설 같은 책, 셜록 홈즈가 등장하는 영화 등은 수백만 명의 사람들의 뇌리에 프리메이슨단을 무시무시한 음모 집단으로 각인시키는 데 크게 기여한다.

프리메이슨 지부의 닫혀있는 저 문 안에서는 도대체 무슨 일이 벌어지고 있는 것일까? 무슨 해괴하고 잔인한 일이 벌어지고 있는 것일까? 그들이 피로 서약을 하면서 도모하는 것은 무엇일까? 위에 열거한 사건들은 모두 그러한 일반인의 궁금증을 시원하게 풀어주는 것처럼 보인다. 그 결과 역사상 커다란 사건의 배후에는 프리메이슨 같은 비밀 결사 단체가 존재하며, 세계를 지배하고 지배하려는 보이지 않는 세력이 존재한다는 추측까지 일반화된다. 그들의 조직은 어떻게 은밀하게 서로 연결되어 있는가? 그들이 실제로 꿈꾸는 것은 무엇인가? 그들은 그들의 목적을 이루기 위해 무슨 일을 저질렀는가? 이런 의문들이 일반화되자 그 의문에 성실(?)하게 답하는 책들이 '음모'라는 제목 하에 나오게 된다. 그 음모론들은 하나같이 프리메이슨의 비밀을 시원하게 밝혀내겠다는 의지와 마침내 밝혀내고야 말았다는 자신감으로 가득 차 있다. 하지만 그들이 밝혀낸 비밀은 자기들이 만들어낸 세속적 비밀일 뿐이다. 그 비밀은 우리가 이 책에서 알아본 통과제의의 비밀과는 그 얼마나 거리가 먼가?

I WANT TO BELIEVE

〈X파일〉은 현대 과학조차 밝혀낼 수 없는 불가해한 현상, 신비스러운 힘, 비밀스러운 존재가 이 세상에 존재하며, 우리 삶에 영향을 미치고 있음을 흥미롭게 보여준다.

멀더와 스컬리의 〈X파일〉

우선 해명부터 해야 할 것 같다. 역사적으로 중요한 사건들의 배후에는 프리메이슨이 있었다는 음모론을 살펴본다면서 왜 역사적 사실들은 제쳐두고 영화 이야기부터 시작하느냐는 질문이 있을 것 같아서이다. 첫 째는, 한두 가지 예를 들기에는 프리메이슨 같은 비밀 결사단체의 음모에 의해 벌어진(실은 '벌어졌다고 주장하는'으로 고쳐 쓰는 것이 옳으리라.) 역사상의 사건들이 너무나 많기 때문이다. 하지만 보다 중요한 이유는 그 음모론의 내용이 내게는 하나의 픽션처럼 보이기 때문이다. 그 음모론에서 내세우는 주장들은 앞에서 우리가 살펴본 예들과는 달리 역사적 사실이나 자료에 입각해 있지 않다. 그 음모론은 어두운 곳에서 세상을 지배하는 세력이 존재한다는 믿음이 만들어낸 픽션에 가깝다. 내가 그 음모론들을 읽으면서 X파일이라는 텔레비전 시리즈가 바로 머리에 떠오른 것은 그 때문이다. 그 음모론과 X파일 간에 차이가 있다면 후자는 스스로 픽션임을 내세우지만 전자는 마치 명백한 사실인 양 포장했다는 것뿐이다. 그러니 그 음모론의 내용을 하나하나 소개하기 보다는 그 음모론 전체를 관통하고 있는 생각을(혹은 음모를?) 〈X파일〉을 통해 짐작해보는 것이 더 효과적인 듯이 보인다.

〈X파일〉은 FBI 요원인 폭스 멀더와 데이나 스컬리가 '엑스 파일' (X-File)로 분류된 미해결 사건들을 수사하는 부서에서 일하며 겪은 일을 줄거리로 하는 TV 시리즈이다. 그 미해결 사건들이란 초자연적 현상, 괴물, 유령 등과 관련된, 과학적으로 설명할 수 없는 사건들을 말한다. 우리나라에서 1994년부터 8년 간 방영되어 대단한 인기를 얻었으며 나 또한 지독한 애청자 중의 하나였다. 멀더가 초자연적인 현상을 믿고 영감에 의한 수사를 하는 존재인 데 반해 스컬리는 이성적 판단 하에 과학적 분석을 신봉하는 수사 요원이라는 설정도 무척 흥미로웠다.

나는 객관적, 혹은 과학적으로 설명할 수 없고 해결할 수 없는 미해결 사건을 다룬다는 설정 자체에 이끌렸다. 일반적으로 수사물이란 수수께끼를 풀어가는 것과 비슷한 성격을 갖고 있다. 신비스러운 장치, 극적인 반전들이 있다 하더라도 실마리만 제대로 잡으면 결국 모든 의혹은 밝혀지는 것이 일반 수사물의 특성이다. 일반 수사물이라면 냉철하고 과학적인 스컬리가 주인공이 되어 사건을 해결하는 것이 정상적이다. 하지만 〈X파일〉은 다르다. 드라마 〈X파일〉은 항상 미해결로 끝이 난다. 그리고 멀더와 스컬리의 대립에서 항상 멀더가 옳은 것으로 판명이 난다. 멀더가 사건을 해결한다는 뜻은 물론 아니다. 스컬리는 언제나 멀더가 사건을 다루면서 경험한 현상 자체를 실제의 일이 아니라 착각일 뿐이라고 의심한다. 멀더가 직감을 가지고 추적하는 사건에 대하여 스컬리는 잘못 본 것이거나 환상에 집착하는 어리석은 일이라며, 그 사건에서 손을 떼라고 충고한다. 하지만 그 사건은 언제나 실제로 벌어진 일이 된다. 객관적인 설명이 불가능한 사건이라는 의미에서 그 사건은 비현실적인 사건이지만 실제로 벌어지고 있다는 의미에서는 지극히 현실적이다. 프랑스 방송국이 〈X파일〉을 방영하면서 불어 제목을 〈현실의 변경에서à la frontière du rèel〉라고 붙인 것은, 그런 의미에서 아주 재치가 있는 일이었다.

미해결 사건이란 무엇인가? 객관적이고 과학적인 방법으로는 드러낼 수 없는 또 다른 진실이 존재하는 사건 같은 것이 아닐까? 일반적인 시각으로는 밝혀내기 어려운 비밀스러운 의미 같은 것을 감추고 있는 사건이라고 볼 수는 없을까? 〈X파일〉이라는 드라마는 모든 것을 명백히 밝히고 해결하는 것을 임무로 하는 FBI를 무대로 하고 있기에 그들조차 밝혀낼 수 없는 불가해한 현상이 이 세상에 존재한다는 것을 역으로 강하게 보여준다. 내가 〈X파일〉에 매료되었던 것은 아마 그 때문이었을 것이다. 그러니 매번 미해결로 끝나는 것 자체가 매력적이고 재미가 있었다. 비밀스러운 존재, 신비스러운 힘, 불가시의한 일 등은 우리를 무섭게 만들기도 하지만 우리의 호기심을 강렬하게 자극하면서 우리의 삶 자체를 신비스럽게 만들 수도 있기 때문이다.

그런데 어느 순간부터 드라마의 내용이 바뀌기 시작한다. 초자연적인 현상이나 괴물, 유령 등을 다루던 드라마의 내용이 외계인 중심으로 압축이 되는 것이다. 그리고 외계인이 존재한다는 비밀을 알고 있는 초헌법적이고 초국가적인 조직이 등장한다. 물론 외계인이나 초국가적인 조직 역시 비밀스러운 존재이기는 마찬가지이다. 하지만 그때의 비밀은 이미 드러난 비밀일 뿐이다. 그것들은 현실과 비현실의 경계에 존재하는 비밀이 아니라 현실 속으로 들어와 버린 비밀일 뿐이다. 그들이 하는 일, 그들이 꾸미고 있는 일은 비밀일지 모르지만 그런 비밀스러운 조직이 존재하면서 뒤에서 모든 것을 조종하고 있다는 것은 드라마 속에서 엄연한 현실이 되어버린다. 시리즈 내내 나를 매료했던 불가사의한 힘이나 존재가 그 모습을 드러낸 것이기도 하다. 아마 '도대체 진실이 뭐냐?' '접근조차 불가능한 미스터리일지라도 그 진실은 밝혀져야 한다!'는 사람들의 열망에 화답하여 내용을 바꾼 것이리라. 하지만 그 순간 그 드라마는 내게 매력이 없는 드라마로 바뀌었다.

내가 읽은 프리메이슨에 대한 음모론들은 거의 모두 외계인 이야기로 압축된 〈X파일〉의 변형들이라고 보면 된다. 그 음모론들은 보다 많은 비밀을 지니고 있고 보다 많은 것을 알고 있기에 보다 큰 힘을 지닌 존재가 실제로 있으며 프리메이슨 같은 비밀단체들이 바로 그것들이라고 시원하게 폭로한다. 그리고 그들이 인류의 역사를 좌지우지해 왔고 지금도 그러고 있다고 말한다. 또한 그들이 실제로 꾸몄고 현재도 꾸미고 있는 음모들을 구체적으로, 근거(?)를 밝히면서 우리에게 제시한다. 그러는 한 편 우리의 각성을 촉구한다. 그 비밀스러운 음모에 대해 아무 것도 모르면서 하루하루 태평스럽게 살아가는 우리가 너무나 가엾은 존재라며……

그 음모론에 의해 전 세계의 정책을 조정하는 비밀 단체가 존재하게 된다. 록펠러 가문과 로스차일드 가문은 비밀단체들의 연결고리 역할을 하거나 비밀 단체들의 막후 조정역할을 한다. 대학 내에도 상위 조직과 연결된 비밀 집단이 있으며 그들은 세계 단일 정부를 위한 계획을 진행 중이다. 걸프전과 베트남 전쟁과 한국 전쟁, 심지어 제 2차 세계 대전도 그들의 음모의 결과이며 히틀러를 배후에서 지원하고 러시아 혁명을 배후에서 조종한 자들도 그들이며 공산주의가 발흥하게 된 것도 그들의 음모의 일환이다.

그런 음모론에 의해 각기 다른 나라에서 다른 시기에 일어났던 역사적 사건들은 일사불란하게 연결이 된다. 프리메이슨들은 자유, 평등, 박애를 표어로 내걸고 인권 옹호의 미명 아래 국가의 압제에 극력 반항해 왔다. 그들의 힘에 의해 1776년 미국의 독립선언이 시작되었으며 그것을 필두로 1789년 프랑스의 바스티유 감옥의 습격과 함께 프랑스 대혁명이 시작되어 프랑스 왕권이 무너졌으며 1861년에는 가리발디가 이탈리아 통일을 단행했고, 1917년에는 레닌이 로마노프 왕조를 넘어뜨리고 소비에트 공화국을 세웠다. 이러한 일련의 혁명은 모두 프리메이슨의 책동이었다.

그 음모론은 거기에서 그치지 않는다. 그러한 목표를 지닌 비밀 결사 조직은 중세에도 고대에도 존재했으며 지금까지 이어져 왔다. 정말 종횡으로 역사를 넘나든다. 그리고 그 음모론은 이렇게 완성된다. 프리메이슨의 수뇌인 유대인 학자들은 '지구의 두뇌'로서의 주도적 위치를 차지하고 있다. 동시에 국제 유대 자본이 '지구의 수족(手足)'을 거의 장악하고 세계 통일의 프로그램을 착착 진행시키고 있다. 그들의 세계 제패 계획은 현재 거의 완성에 이르고 있다고 해도 과언이 아니게 된다. 그

군중 앞에서 연설하는 레닌.
음모론자들은 러시아 혁명 뒤에도 프리
메이슨이 있다고 주장한다.

들은 세계 최대의 정치력, 군사력을 가진 미국을 완전히
통제하며, 그 힘을 최대한으로 활용하여, 석유와 곡물의
유통을 장악하고 있다. 또한 세계의 정보를 지배하기 위
해 통신사, 전기통신망을 접수하며, 세계의 금융을 지배
하기 위해 거대한 자본을 마음대로 조작하는 힘을 쥐고
있다. 사실이라면 우리들은 정말 알지 못힐 힘에 징익된
채 그냥 꼭두각시로 살아가고 있을 뿐이다.

그러한 음모론에 대해 하나하나 구체적으로 반박할 생
각이 내게는 없다. 그 자체가 거대한 몽상처럼 보이기 때
문이다. 프리메이슨이 거대한 비밀 단체이긴 해도 그들이
비밀스럽게 꾸미고 있는 일은 그런 일들이 아니라 실은
다른 것이라고 구체적으로 말하는 것은 그 몽상이 어느

정도 사실임을 인정할 때라야 가능한 일이다. 그것은 마치 그런 거대한 비밀스러운 세력이 존재하기는 하지만 그 일을 한 것은 프리메이슨이 아니라고 변명하는 것과 마찬가지이다. 그것은 마치 〈X파일〉에 나오는 초국가적인 조직의 존재를 인정하면서 그들이 하는 일은 그런 게 아니라고 말하는 것과도 같다. 단도직입적으로 말하자. 그런 비밀 결사조직은 존재하지 않는다. 역사는 그런 음모에 의해 움직이지 않는다.

그런 음모론이 존재하게 되는 것은 애당초 비밀의 의미를 잘못 알았기 때문이다. '비밀 결사 단체'의 비밀은 세계를 '은밀하게' 조종하는 '비밀스러운 조직'의 비밀과는 그 의미가 전혀 다르다. 그 비밀은 그렇게 밝혀질 수 있는 성질의 비밀이 아니다. 그 의미를 오해했기에 그런 음모론이 만들어지고 비밀을 밝히고 싶은 일반인의 감성에 호소한다.

하지만 이유가 그 뿐일까? 어쩌면 우리들 모두의 내면에는 그러한 '은밀한' 비밀 집단의 존재를 믿고 싶은 속성이 '은밀하게' 존재하는지도 모른다. 그래서 나는 이렇게 묻고 싶어진다. 음모론으로 설명하는 것 외에는 방법이 없는 불가사의한 현상이나 사건들이 음모론을 낳은 것인가, 아니면 은밀히게 이 세상을 지배하는 무서운 힘이 존재할지도 모른다는 우리의 믿음이 음모론을 낳은 것인가? 다음에 살펴볼 또 다른 음모론은 그런 비밀스런 집단이 분명 이 세상에 존재한다는 강한 믿음이 탄생시킨 가장 강력한 음모론이다. 그 음모론에 의해 프리메이슨은 악마의 지배를 받는 악의 사도들이 된다.

레오 탁실의 『프리메이슨 단의 신비』 프랑스판 책 표지.

다시 말하자. 프리메이슨은 지구상에서 가장 오래된 비밀 결사단체이다. 하지만 그 무대는 서구이다. 그리고 서구 전체를 아우를 수 있는 큰 틀로 서구를 묶는다면 기독교 문화권에 속한다고 말하는 것이 가능하다. 그런데 우리가 앞에서 누누이 확인했듯이 프리메이슨 단의 근본에는 언제나 종교성이 중요한 자리를 차지하고 있다. 따라서 프리메이슨은 언제나 기독교와 밀접한 관련을 맺어왔다. 때로는 정식으로 정통 교회의 공인을 받으면서 밀월 관계를 유지하기도 했고 때로는 마찰을 빚기도 했으며 때로는 기독교 교회가 프리메이슨을 보호해주는 역을 맡기도 했고 때로는 프리메이슨 단이 교회의 엄청난 탄압을 받기도 했다. 거기에다가 정권을 잡은 권력자의 성향에 따른 영향까지 감안한다면 문제는 더욱 복잡해진다. 프랑스의 예를 들어보자. 1879년 프리메이슨인 쥘 그레비가 공화국의 대통령이 된다. 그러자 역시 프리메이슨인 강베타가 내각의 총리가 되고 역시 프리메이슨인 쥘 페리가 문교부 장관이 된다. 그러자 프리메이슨 단은 예수회와 세력을 다툴 정도로 힘이 막강해지고 둘 사이의 마찰이 커지게 된다. 정치적으로 막강한 힘을 소유

프리메이슨: 사탄을 숭배하는 악의 무리

하게 된 프리메이슨 단에 대해 교황 레오 3세는 다음과 같은 경고성 정의를 내리기도 했다.

프리메이슨의 비행을 고발한 책을 펴낸 레오 탁실(Leo Taxil, 1854~1907).

프리메이슨들의 목적은 기독교에서 파생한 모든 종교적 사회적 제도를 철저하게 파괴하고, 그들의 이념에 따라 만들어진 새로운 제도로 대체하려는 데 있다.

권력이 강해지면 반드시 반동의 힘도 커지는 법이던가. 프리메이슨이 권력을 잡고 국가의 정책까지 좌지우지하게 되자 그들에 대한 온갖 모략이 난무했다. 그 중 프리메이슨의 명성에 치명타를 가했으며 오늘 날까지도 그 영향력을 발휘하고 있는 것이 레오 탁실이라는 사람(그가 저질스런 사기꾼이라는 것은 오늘 날 정설이 되었다)이 쓴『프리메이슨단의 신비들이라는 책이다.

그는 회원 자격이 까다롭지 않던 어느 소규모 프리메이슨 단 지부에 입문을 한다. 하지만 그는 견습생의 단계도 뛰어넘지 못하고 쫓겨난다. 그는 프리메이슨 단에서 쫓겨난 것에 대해 앙심을 품지 않았다. 오히려 그 짧은 경험을 좋은 기회로 이용한다. 즉 프리메이슨의 비행을 고발하는 책을 쓰는 기회로 삼은 것이다. 그의 의도대로 그 책은 대성공을 거두게 되고 그 책 때문에 프리메이슨에 덧씌워진 '악마들의 집단'이라는 굴레는 오늘 날까지도 벗겨지지 않는다. 그 내용을 간략히 요약하면 다음과 같다.

지부의 뒷방에는 교단의 비밀 대지급장 루시퍼(악마)가 군림하고 있다. 프리메이슨 회원들은 지옥의 악마들을 숭배하며 무시무시한 마귀들이 형제들에게 소환장을 보낸다. 메이슨 형제들은 부적을 가지고 다니는데 그 부적의 힘으로 싫어하는 사람들을 죽음에 이르게 할 수 있으며(꽤 인기를 얻은 〈데스 노트〉라는 일본 영화를 연상시킨다), 좋아하는 사람이 노름에서 큰돈을 따게 해줄 수도 있다. 요컨대 프리메이슨 단은 많은 선량한 일반 형제들을 속이고 그들을 악의 구렁텅이에 빠지게 만드는 사탄의 조직이다. 프리메이슨의 고위직들은 사람을

레오 탁실의 『프리메이슨단의 신비』에 사용된 삽화. 레오 탁실은 프리메이슨 지부의 뒷방에는 교단의 비밀 대장 직급 루시퍼가 군림하고 있다고 주장하며, 프리메이슨 단을 '악마의 집단'으로 묘사하고 있다.

죽여 창끝에 그 머리를 달고 다니며 수시로 지부에 악마들을 불러들여 그들과 대화하는데 일반 선량한 형제들을 그 사실을 알지 못한다. 프리메이슨 지부의 가장 깊숙한 비밀은 고위직들만 누릴 수 있기 때문이다.

그는 그 책의 내용에 실감을 주기 위해 그럴듯한 삽화까지 곁들였다. 가톨릭계의 일부 인사들이 그의 책에 환호한 것은 물론이다. 신문에는 탁실의 작품 일부가 실리기도 했으며 가뜩이나 프리메이슨의 비밀 의식에 대해 의심쩍은 눈길을 보내고 있던 일반 신자들은 그 작품의 내용을 사실로 믿게 되었다. 심지어는 합리주의를 신봉하는 학자들이 만드는 잡지들에도 탁실의 말이 앞 다투어 실렸으며 1893년에는 레옹 뫼랭 주교가 「프리메이슨단, 사탄의 사원」이라는 글을 발표하기에까지 이른다. 주교는 프리메이슨단의 근원, 조직, 활동 내용, 목적, 수단이 모

『프리메이슨 단의 신비』에 사용된 또 다른 삽화.
한 후보자가 제물을 바치는 의식을 치르고 있다.

두 악마적이라고 썼다. 한 마디로 프리메이슨 지부는 지옥 그 자체라는 것이다. 가톨릭 신문들이 그 글에 전폭적인 지지를 보냈던 것은 물론이다.

물론 프리메이슨을 악마의 집단으로 보는 시각이 순전히 탁실 같은 사람이 쓴 작품의 영향에 의해서만 형성되었다고 보는 것은 옳지 않다. 그러한 시각은 엄밀히 말한다면 깊은 종교적 믿음의 차이에서 생겨나는 것이며 그런 믿음을 가진 사람의 세계관을 반영한다.

프리메이슨을 악마의 집단으로 보는 극단적인 견해가 내세우는 논리는 이러한 것이다. 프리메이슨도 종교를 표방한다. 그러나 그 종교는 인간 중심적인 불순한 요소가 끼어든 종교이며 근본에 있어 신(神)중심주의 종교인 가톨릭과 대립된다. 따라서 프리메이슨의 세계 제패에는 가톨릭이 가상 큰 상애가 된다. 프리메이슨이 가톨릭과 싸워 세계 제패를 이룩하려면 악마인 사탄을 숭배하고 그 힘을 빌려오는 수밖에 없다. 그들은 표면상으로는 종교를 표방하지만 하느님을 믿는 척 하면서 실은 사탄을 숭배한다. 그들도 성경을 읽고 기독교도와 비슷한 행동을 하기에 많은 기독교도들, 심지어는 목사와 신부들도 속아 넘어가 프리메이슨 회원이 되기도 한다. 그러한 악마의 음모론을 제기하는 사람들에 의하면 미국의 제시 잭슨 목사와 빌리 그래함 목사도 프리메이슨이었다는 증거를 얼마든지 찾아볼 수 있다. 빌 게이츠도 사탄주의자이며 여호와의 증인의 창시자인 찰스 테이즈 러셀(Charles Taze Russel)도, 피라미드식 조직의 세계 기업 암웨이(Amway)의 사장 리치 드보스도, 통일교의 창시자 문선명도, 모르몬교의 창시자 죠셉 스미스(Joseph Smith jr.)도 심지어는 달라이 라마까지도 프리메이슨 회원이거나 악마 숭배자이다.

나는 그런 글을 읽으면 프리메이슨이 사탄을 숭배하는 집단이라는 확신이 드는 것이 아니라 인간 내부의 어떤 마음이 자신이 믿는 것 외의 모든 것을 악마의 소행으로 만드는 것인지가 더 궁금해진다. 다른 모든 종교를 악마를 숭배하는 그릇된 종교로 보는 단호함은 어디에서 오는 것일까? 그 마음이 너무 순수해서인가, 아니면 그야말로 그 무엇엔가 홀려서인가?

프리메이슨이 악마의 집단이 된 것은 그들이 종교적 믿음을 근본으로 하고 있기 때문이다. 단지 그 믿음이 이원론적인 정통 기독교 교리와는 다르다는 것 때문에 프리메이슨은 악마를 숭배하는 이교도 무리가 되어버린다. 그들이 악마의 집단이 된 것은 그들이 실제로 악마라거나 악마를 숭배해서가 아니라, 정통 기독교 교리에 벗어나는 종교적 믿음을 악마시하는, 그들과는 다른 종교적 믿음에 의해서이다. 게다가 그들의 종교적 믿음이 정통 기독교 교리에 정면으로 배치되는 것이기 때문이다. 그 믿음의 내용은 우리가 이미 확인한 바 있다.

레오나르드 다빈치의 「최후의 만찬」.
댄 브라운은 그의 소설 「다빈치 코드」에서, 다빈치가 「최후의 만찬」에 그려 넣은 예수의 오른쪽 인물을 예수의
내연녀 막달라 마리아로 가정함으로써 커다란 논쟁을 불러일으켰다.

이제까지의 음모론에서는 음모의 주체가 프리메이슨 단이었다. 그들이 세계 제패를 위해 비밀스럽게 그 무언가를 도모하고 있다는 것이 그 음모론의 내용이다. 하지만 지금부터 살펴볼 음모론은 정확히 그 대척점에 있다. 음모의 주체가 프리메이슨 같은 비밀결사단체가 아니라 비밀결사단체를 탄압하는 로마 교황청이라는 것이다.

댄 브라운이 쓴 소설 다빈치 코드가 전 세계적으로 화제를 불러일으켰다. 그 소설의 핵심도 역시 비밀이라는 단어에 있다. 그 비밀은 이 한 문장으로 압축된다.

'성배는 무엇이며 그것은 어디에 있는가?'

너무 많은 사람들이 읽어서 이제는 유명해진 그 소설이 보여주는 내용을 내가 몇 가지 더 덧붙여 간단히 간추리면 다음과 같다.

기독교 역사에는 엄청난 비밀스러운 싸움이 존재해 왔다. 그 싸움은 성배를 둘러싼 싸움이다. 로마 교황청은 성배에 얽힌 비밀을 은폐하고 그 비밀 수호자들을 제거하려는 음모를 끊임없이 도모해 왔고 그 반대편에서는 온갖 박해를 무릅쓰고 성배와 성배의 비밀을 간직하려는 무리들이 존재해 왔다. 그 성배 수호자들은 교황청의 탄압을 피하기 위해 비밀 결사단체가 될 수밖에 없었다.

그렇다면 성배란 과연 무엇인가? 성배와 성배의 비밀은 예수와 마리아 막달레나의 관계에 관한 것이다. 마리아 막달레나는 일반인들이 알고 있는 것과는 달리 창녀가 아니라 예수의 아내였다. 그리고 막달레나는 예수의 제자들 중에서도 으뜸이 가는 성인이었다. 그리고 예수와 막달레나 사이에는 자식이 있었으며 당연히 그 후손이 존재한다.

하지만 정통 기독교 교회는 예수가 결혼했다는 사실을 감추기 위해 그 사실을 기독교 역사에서 지우고 그 비밀을 알고 있는 집단을 탄압한다. 기독교의 내면에 있는 음모의 역사가 성배를 수호하려는 자들과 그 성배가 품고 있는 비밀을 지우고 성배 수호자와 성배 자체를 없애려는 자들 간의 싸움의 역사로 집약될 수 있는 것은 그 때문이다.

중세 십자군 시대에 세워진 것으로 알려진 시온 수도회는 바로 그러한 성배의 진실을 간직한 수도회이고 역시 중세의 템플 기사단은 그 성배의 수호자들이다. 템플 기사단이 일반 기사단과는 달리 성배의 비밀을 수호하는 집단이었다는 것은 다음 여러 가지 사실에 비추어 의심의 여지가 없다.

우선 그 기사단이 조직되면서 맡은 임무가 석연치 않다. 표면상으로는 성지 순례자들을 보호하기 위해 조직된 기사단이 단 9명으로 이루어져 있다는 것은 상식에 어긋난다. 9명으로 그 긴 순례의 행렬을 어떻게 다 보호한단 말인가? 그들은 무슨 다른 비밀스러운 목적을 가지고 있지 않았는가? 또한 그 기사단은 득이하게도 기사들로 이루어져 있지 않다. 그 기사단은 성직자들로 이루어져 있었던 것이다.

그렇다면 템플 기사단의 목적은 기사의 본연의 임무인 전투와는 상관이 없던 것이 아닌가? 그렇다면 그들은 순례자들 보호를 구실로 성지에 가서 그 무언가를 찾기 위해 조직된 기사단이 아닌가?

실제로 그들은 이스라엘의 '솔로몬의 마구간'이라 불리는 곳에서 그무엇인가를 찾은 것으로 알려져 있다. 그들이 찾은 것은 과연 무엇인가? 왜 템플 기사단은 200년 동안 번성하다가 14세기에 대학살을 당하게 되는가? 그들은 성배의 비밀에 관한 기록을 찾은 것이고 그 때문에 학살당한 것이 아닌가?

더 거슬러 올라가면 이미 4세기에 로마의 알렉산더 주교가 무언가중요한 문서를 없애려고 했던 사실이 있다. 그 문서들은 그노시스 성

예루살렘 메기도에 있는 솔로몬의 마구간.
템플 기사단이 활동한 지역은 히람 전설이 깃든 솔로몬의 성전 부근이다.

서이다. 도마 복음서, 필립보 복음서, 진리의 복음서, 막달레나 복음서로 이루어진 그노시스 성서는 예수와 막달레나가 부부 관계임을 확실히 보여주는 문서들이고 그 성서에는 예수의 인간적인 면이 강조되어 있다.

영지주의 파라고 알려진 그노시스파는 기독교 초기에는 이단으로 간주되지 않은 기독교 정통파들 중의 하나였다. 그들이 기독교에서 이단으로 탄압을 받고 정통에서 밀려난 것은 그들이 로마 교황청에서 없애려 한 사실에 근거한 복음서를 믿음의 근거로 하고 있었기 때문이며 그 믿음을 끝까지 간직했기 때문이다.

그렇다면 그노시스파와 시온수도회와 템플 기사단은 하나의 맥으로 연결되어 있음이 자명하다. 그들은 동일한 비밀을 공유하고 있었으며 드러내기 어려운 비밀들을 그들이 세운 건축물, 즉 성당의 구조와 성당의 문양과 상징 등에 은밀하게 감춘다. 그리고 그 비밀은 프리메이슨들도 알고 있었다. 중세의 석공들의 조직인 프리메이슨들이 바로 그 성당들을 지었으니까 그들이 그 비밀을 알고 있는 것은 당연하다.

이상이 『다빈치코드』 같은 역 음모론의 내용을 간추린 것이다. 『다빈치코드』가 소재로 삼은 레오나르도 다빈치의 「최후의 만찬」 역시 그러한 비밀을 감추고 있는 그림의 하나이며 레오나르도 다빈치는 시온 수도회의 회원이었다는 것이 그 소설에서 주장하고 있는 내용이다. 그러한 역 음모론에 의해 모든 것은 너무 자명해지는 듯이 보인다.

그 역 음모론에 의해 제기된 의문들이 사실로 입증될 수만 있다면 이제 더 이상 비밀은 없다. 비밀은 확실히 밝혀질 수 있는 성실의 것이다. 그것이 비밀인 것은 단지 사실을 은폐하려는 자들에 의해 비밀로 은폐되었기 때문이다.

사실 그런 의문은 다빈치 코드라는 소설이 처음으로 제기한 것이 아니다. 성배가 무엇이고 성배에 감추어진 진실이 무엇인가 라는 의문은 여러 가지 차원에서 끊임없이 제기되어 왔으며 그에 대한 나름대로의 답도 존재해 왔다. 또한 예수의 후손이 존재한다는 이야기도 여러 차원에서 제기된 바가 있다.

이 대목에서 내게는 갑자기 작고한 소설가 이청준의 〈이어도〉라는 단편이 생각난다. 이어도는 제주도 뱃사람들의 입을 통해 전해져 오는 이상향이며 그들이 죽으면 돌아가는 죽음의 땅이기도 하다. 뱃사람들이 바다에 나갔다 돌아올 수 없게 되면, 그들은 마침내 이어도로 갔노라고 믿는다. 이어도로 가서 이어도의 복락을 누리게 된 것이라고 믿는 것이다. 그러나 아무도 그것을 본 사람은 없었다. 그것을 본 사람은 모두 그 섬으로 가 버리고 돌아오지 않았기 때문이다.

그 소설은 이어도가 실제로 존재하는지 해군 함정까지 동원하여 이어도 수색작전을 벌이는 것으로 시작한다. 하지만 이어도는 끝내 나타나지 않는다. 그렇다면 제주 사람들의 믿음은 잘못된 것인가? 그 땅은 존재하지 않기에 그들의 믿음은 잘못된 것이고 의미가 없는 것인가? 그들이 복락의 땅이라고 믿었던, 죽으면 돌아갈 고향이라고 믿었던 그 섬이 실제로 모습을 보여야 그들의 믿음이 더 확실해지는 것인가?

하지만 그렇지 않다. 이어도는 허구의 섬일지라도 그것이 허구이기에 더 현실적이 된다. 그 허구의 섬은 제주도 뱃사람들의 온갖 현실적 어려움을 위로해주고 그들이 두려움 없이 배를 타고 바다로 나갈 수 있게 해주었을 것이기 때문이다. 그 이어도가 실제로 존재하게 된다면? 보다 정밀하고 과학적인 방법에 의해 그 섬의 실재가 밝혀진다면? 그것은 이어도의 존재가 밝혀지면서 역으로 이어도가 사라지는 것을 의미하는 것이 아닐까? 이어도라는 명칭을 가진 실제의 섬이 존재하는 오늘 날은, 제주도 뱃사람들의 마음속에서 영영 이어도가 사라진 그런 날들이 왔다는 것을 의미하는 것이 아닐까?

역 음모론이 밝히려는 비밀은 바로 이어도와 같은 것이다. 역 음모론은 음모론과 마찬가지로 비밀의 정체를 밝히려고 한다. 그들은 비밀을 밝혀 비밀을 없애려 한다. 하지만 그노시스파의 비밀, 시온수도회의 비밀, 템플기사단의 비밀, 프리메이슨의 비밀은 그렇게 시원하게 밝혀져 종국에는 사라질 그런 비밀이 아니다.

그노시스파의 복음서의 내용들은 역사상 실제로 벌어진 일들만을 기록해둔 것이 아니다. 그노시스파 복음서에서 전하는 막달레나와 예수의 행적은 로마 교황청에서 왜곡한 역사적 사실만을 담고 있는 것이 아니다. 그것은 정통 기독교 교리와는 다른 종교적 믿음을 보여주는 또 다른 성서일 뿐이다.

다시 말하지만 비밀 결사단체들이 온갖 탄압에도 불구하고 그 오랜 세월 이어져 온 것은 역사적 진실을 간직하고 밝히겠다는 불굴의 의지에 의해서가 아니다. 그들이 공유하고 있는 비밀은 덮어두거나 밝혀내야 하는 두 가지 선택밖에는 없는 그런 비밀이 아니기 때문이다.

그 비밀은 이어도처럼 한 번 그 비밀이 묻으로 들어가면 다시는 나올 수 없는, 그래서 영원히 비밀일 수밖에 없는 그런 비밀인 것이다. 직접 체험하지 않으면 결코 그 의미를 알 수 없는 그런 비밀.

오늘날의 프리메이슨

오늘날, 이제 더 이상 우리가 살펴본 전통적인 의미에서의 프리메이슨은 존재하지 않는다. 전통적인 통과제의 의식을 거행하는 프리메이슨도 존재하지 않는다. 그런 의미에서 프리메이슨은 더 이상 비밀 결사단체가 아니다. 물론 프리메이슨은 여전히 비밀에 대한 서약을 한다. 하지만 그 비밀은 통과제의를 통해 터득한 비밀이 아니다. 그것이 비밀인 것은 그들 간에만 통하는 의식이 일반에게 공개되어 있지 않다는 의미에서이지 그것이 비밀스런 의미를 담고 있어서가 아니다. 프리메이슨단에는 여전히 비밀 장치가 되어 있지만 비밀 장치가 되어 있는 사회가 곧 신비주의적인 비밀 결사단체는 아니다.

프리메이슨은 신비로 둘러싸인 밀폐된 동아리기 아니다. 합법적으로

2008년 뉴질랜드 대학의 프리메이슨 장학금 수혜자들.
오늘날 프리메이슨은 더 이상 비밀결사단체가 아니다. 각국의 프리메이슨 지부는 회원들의 기부금으로 운용되는 합법적인 단체로 변모했다.

등록을 하고 공개 선언을 하며 비밀 자금에 의해 운용되는 것이 아니라 회원들의 기부금에 의해 운용된다. 프리메이슨의 활동이 가장 큰 미국의 경우도 그 역사 전체에 프리메이슨의 이상의 흔적이 각인되어 있지만 그들은 거대한 친목 패밀리로서 존재할 뿐 신비주의적인 의식을 남몰래 거행하지 않는다. 그리고 영국에서도 프리메이슨에 가입하는 것은 은밀히 남몰래 할 일이 아니라 당당한 하나의 영예처럼 여겨진다. 영국에서 프리메이슨 회원이 된다는 것은 인격과 덕성 등 여러 부분에서 완벽한 신사의 자격을 갖추었다는 것을 의미한다. 엘리자베스 여왕의 남편인 필립 공도 프리메이슨이며 캔터배리 주교도 프리메이슨이다. 영국의 프리메이슨은 국가에 완벽하게 통합되어 있으며 비난으로부터 자유로운 가장 존중받는 단체에 속한다.

그 외 이탈리아에서도 프리메이슨은 바티칸과 사이좋게 지내는 평화로운 기구이고 약 5만 명의 회원이 존재하는 프랑스에서도 프리메이슨은 회원들이 각자 맡은 분야에서 활발하게 사회 운동을 할 수 있도록 도와주는 소박한 친목 단체로 존재하며 때로 정치활동도 하지만 군소좌익의 일파로서 그 영향력은 그다지 크지 않다.

유럽이외의 지역, 특히 동양은 어떠한가? 아마 놀랄 사람도 많겠지만 일본에는 전국 각지에 프리메이슨 지부가 설립되어 있다. 일본이 개항을 할 시기에 영국의 프리메이슨 회원들이 다수 일본에 들어갔고 그들의 영향으로 1865년 첫 프리메이슨이 탄생한다. 그리고 1954년에는 일본인들만의 독자 지부가 생긴다. 특히 각 분야에서 국가의 핵심이었던 사람들 중에도 프리메이슨 회원이었던 사람이 많았다는 것은 공공연한 사실이다.

일본의 저명한 정치가인 하토야마 이치로(1883-1959), 외무대신 차관을 지냈고 중국과 러시아, 영국 대사를 역임한 외교관 히야시 키오르(1850-1913) 백작, 2차 대전 종결 시 내각 총리대신으로서 일본 군대를 해체하고 일본의 항복 문서에 서명한 인물이며 전범자 체포를 기획하고 실행한 사람인 히가시쿠니 나루히코(1887-1990) 왕도 프리메이슨이었으며 일본 현대 사상의 아버지로 불리며 프랑스의 실증주의 철학과 영국의 경험철학을 일본에 도입한 니시 아마네(1829-1897), 유명한 언론인인 사와다 쿄이치(1936-1970), 서양 경제사상을 최초로 번역해서 일본에 보급한 츠다 마마치 남작 (1829-1903)등도 모두 프리메이슨이었다.

하토야마 이치로(Hatoyama Ichiro, 1883~1959).
일본의 저명한 정치인들 가운데 프리메이슨으로 알려진 인물들이 많다.

19세기부터 20세기 초엽까지 일본의 국가 대사(大事)에 관여한 프리메이슨 회원들의 면모를 보면서 다시 음모론을 떠올릴지 모른다. 하지만 그들은 프리메이슨이 된 후에 국가적 업적을 남긴 사람들이 아니다. 그들은 프리메이슨 단의 음모에 따라 각자의 분야에서 활동을 한 사람들이 아니다. 우리는 일본에서 꽤 중요한 인물들도 프리메이슨 회원들이었다는 사실에서 프리메이슨 단이 지닌 보편적인 이념과 가치를 다시 확인할 수 있을 뿐이다.

한 가지 덧붙이자면 우리나라에도 프리메이슨 지부가 둘 개설되어 있으며 인터넷 홈페이지까지 존재한다. 어찌되었건 분명한 것은 프리메이슨 단이 이제는 세계 평화와 형제애를 바탕으로 한 친목단체 이상의 단체가 아니라는 것이다. 그들은 더 이상 신비주의를 신봉하는 비밀 결사단체가 아니라 사회적으로 용인되는 친목 단체로 변하면서 운신의 폭을 넓히고 세력을 유지해 왔다고 볼 수 있다.

하지만 그뿐일까? 21세기에도 프리메이슨 단 같은 비밀 결사단체가 계속 존재할 수 있는 것이, 그리고 그 단체가 세계 곳곳에 뿌리를 내릴 수 있던 것이 오로지 그 단체의 성격이 사회적 현실에 걸맞게 변신을 할 수 있었기에 가능했던 것일까? 그렇다면 그들은 왜 여전히 비밀

소설 『어린왕자』의 삽화 중 한 장면.
소설 속 화자는 어린 왕자와의 만남을 통해 삶의 신비를 간접 체험한다.

에 대한 서약을 하는 것일까? 그 비밀에 대한 서약이 존재한다는 사실 때문에 온갖 음모론에 시달리면서도 왜 그 서약을 계속 이어오는 것일까? 신비주의적 제의도 사라졌고 더 이상 전통적인 비밀을 공유하고 있는 것도 아니면서 왜 계속 비밀을 지키는 단체로 남아 있는 것일까? 비밀이라는 단어는 왜 그렇게 매력적인가?

좀 엉뚱해 보이지만 생텍쥐페리의 저 유명한 소설 『어린 왕자』의 마지막 장을 감상해보기로 하자.

이것은 나에게 이 세상에서 가장 아름다우면서 가장 슬픈 풍경이다. 그 풍경은 앞 페이지의 풍경과 같은 것이다. 내가 다시 한 번 그 풍경을 그린 것은 당신에게 보다 확실하게 그곳을 보여주기 위해서이다. 바로 그 장소에서 어린 왕자가 지구에 나타났고 바로 거기서 사라졌다.

당신이 어느 날 아프리카의 사막을 여행하게 된다면 그 풍경을 확실하게 알아볼 수 있도록 유심히 그림을 바라보아라. 그리고 만일 당신이 그곳을 지나게 된다면, 간청하건대, 서두르지 말고 그 별 바로 아래에서 잠시 기다려 달라. 그리고 만일 그 때 한 아이가 당신에게 다가온다면, 그가 만일 웃는다면, 그가 금빛 머리칼을 하고 있다면, 그가 질문을 해도 대답을 하지 않는다면 그가 거기에 있음을 당신은 알아차리게 될 것이다. 그러면 제발 내게 친절을 베풀어 달라. 나를 이토록 슬픔에 젖은 채 내버려 두지 말고 바로 내게 소식을 전해주어라. 그가 되돌아왔다는 소식을.

사막에 불시착해서 생사의 기로에 선 소설 속의 화자에게 나타난 어린 왕자는 누구일까? 그는 잃어버린 나의 또 다른 모습이 아니던가? 그는 보아 구렁이 뱃속의 코끼리 모습을 알아볼 수 있던 어린 시절의 내가 아니던가? 소설 속의 화자가 어른들의 충고대로 지리와 역사와 문법을 공부하게 되면서 잃어버린 능력을 지니고 있는 존재가 아니던가.

과연 소설 속의 화자는, 여전히 보아 구렁이 그림을 모자라고 우기는, 모자가 왜 무섭냐고 되묻는 어른들에게 '나는 더 이상 그들에게 보아 구렁이 이야기에 대해, 처녀림에 대해, 별들에 대해 이야기를 하지 않았다.'고 우리에게 슬쩍 힌트를 던져준다. 그는 느닷없이 '별'이라는 단어를 쓰고 있는 것이다. 별은 무엇인가? 그것은 바로 이상이 아니던가? 꿈이 아니던가? 보아 구렁이 뱃속에 들어있는 코끼리를 볼 수 있는 능력이란 바로 이상과 꿈을 가질 수 있는 능력이 아니던가?

『어린 왕자』의 어린 왕자가 자신의 별인 소혹성 625호를 떠나 여러 별에서 이상한 어른들을 만나고 여우를 만나고 뱀을 만나는 과정은 '나'라는 존재 속의 또 다른 '나'가 소설 속의 화자가 살아온 것과는 다른 길을 통해 진정한 어른이 되는 과정이기도 하다. 그 과정은 꿈과 이상을 찾아가는 과정이며 삶의 신비스러운 비밀을 깨치는 과정 바로 그것이다. 그 과정을 통과한 어린 왕자라는 존재는 온통 신비스러운 비밀에 휩싸인 존재로 화자에게 나타난다. 소설 속의 화자는 비밀을 깨치고 비밀을 간직한 어린 왕자를 만남으로서 그 비밀을 간접 체험한다. 그리고 그 비밀을 체험하고 간직하게 되면서 자신의 삶도 그 안에 비밀을 간직한 신비스러운 삶이 될 수 있음을 알게 된다. 『어린왕자』의 아름다운 문장을 하나 더 인용해보자.

내가 어렸을 때 나는 오래된 집에 살았었다. 그리고 전설에 의하면 그곳 어딘가에 보물이 묻혀 있다고 했다. 물론 그 누구도 그 보물을 찾을 수 없었으며 아마 그 누구도 찾으려 하지 않았을 것이다. 하지만 그 보물은 집 전체를 매혹에 휩싸이게 했다. 내 집은 그 마음 속 깊은 곳에 비밀을 숨기고 있었던 것이니……

그렇다면 우리는 우리가 인용한 『어린왕자』의 마지막 부분을 정확하게 이해할 수 있다. 그 쓸쓸한 풍경 속에서 어린왕자의 존재를 알아볼 수 있는 사람, 어린 왕자를 만날 수 있는 사람은 화자가 체험한 비밀을 함께 체험한 사람이 아니던가? 그래서 그 비밀을 공유할 수 있는 존재가 아니던가? 그 비밀을 공유함으로써 이심전심의 미소를 나눌 수 있는 존재가 아니던가? 그런 존재를 만난다는 것 자체가 어린 왕자를 다시 만나는 것과 같은 뜻을 가지는 것이 아니던가? 그는 그런 존재를 만나고 싶다는 그런 비밀스러운 갈증을 마지막 페이지에서 드러내고 있는 것이 아니던가?

프리메이슨 단이 긴직힌 비밀은 비로 그외 같은 깃이다. 물론 그 비밀은 중세 건축가 집단들이 간직했던 신비스러운 비밀은 아니다. 현대 프리메이슨 단은 전통적인 통과제의를 거치지 않는다. 하지만 그들이 입단의식에 그 구조는 여전히 남아 있다. 프리메이슨 단은 입단 의식에서의 서약을 통해, 그들이 사용하는 상징을 통해 그 제의를 간접 체험한다. 그 체험은 직접 체험이 아니다. 하지만 그 체험은 혹시 어린왕자의 화자의 체험과 동일한 체험이라고 볼 수도 있지 않을까? 무언가 신비스러운 것으로 맺어져 있다는 확신을 주는 그런 체험.

우리는 살면서 정말로 모든 것이 신비스럽게 통하는 사람과의 만남을 얼마나 꿈꾸는가? 살아온 환경도 다르고 하는 일도 다르며 세계관도 다르면서 그러나 무언가 공유하는 것이 있는 존재. 프리메이슨의 비밀 서약은 그러한 우리의 꿈을 여전히 채워주고 있는 것이 아닐까? 그 비밀의 공유를 통해 모든 외적인 차이를 넘어서서 그 무언가 공유하는 것을 지니게 되었다는 환상적 기쁨. 삶에 비밀이 있다는 것은 얼마나 우리의 삶을 신비스럽고 멋있게 만드는가. 우리에게 얼마나 큰 자유를 주는가?

그 비밀은 비밀이기에 그 비밀에 동참한 자들을 더 강한 유대감으로 맺어줄 수 있다. 현실적인 이해관계로 맺어진 사이가 아니기에 그들 사이에는 더 강한 유대감이 흐를 수 있다. 현실적인 이해관계로 맺어진 사이는 만났다가 헤어지고 나면 공허함을 줄 수도 있는 사이이다. 홀로 있을 때 자신이 혼자임을 더 강하게 느끼게 하는 공허감. 비밀 결사단체의 비밀은 그 공허감을 메워준다. 그런 의미에서 모든 일에 뜻이 맞는 친구 사이처럼 비밀한 사이는 없다. 친한 친구 사이는 내적으로 맺어진 비밀 결사단체와 같은 것이다. 프리메이슨 회원들이 그토록 형제 애를 중시하는 것은 그 때문이다.

하지만 그 비밀은 오해도 낳을 수 있는 비밀이다. 비밀은 그 비밀을 공유하고 있는 집단의 사람들에게 그렇지 않은 사람들과는 다른 세상을 살고 있다는 생각을 심어준다. 그렇게 해서 그들은 스스로 특별한 존재가 된다. 우리는 그런 경험을 이미 어릴 때부터 한다. 초등학교 학창 시절부터 중학교와 고등학교에 이르기까지 학교에는 비밀을 간직한 아이들만의 집단이 그 얼마나 많이 존재하는가? 우리는 그 중의 한 동아리의 회원이 되면서 얼마나 우쭐해하는가? 그 동아리에 들지 못한 아이들은 그 얼마나 그 동아리를 선망과 두려움과 질시의 눈으로 바라보는가? 그 안에서 무슨 일이 벌어지고 있는지 얼마나 궁금해 하면서 그들을 보는가?

비밀은 언제나 경외의 대상이 되기도 하고 공포의 대상이 되기도 하는 법이니 그 모든 것은 비밀이 빚어낸 요술이다. 그리고 그 비밀이 빚어낸 요술 작품 중의 하나가 바로 온갖 음모론들이다. 이렇게 말하자. 음모론은 이 세상에 비밀스런 음모가 신행되고 있다는 우리의 마음이 만들어낸 또 다른 음모이다. 그 음모론은 명쾌하게 설명할 수 없는 것을 명쾌하게 설명하겠다는 욕구, 보이지 않는 것의 존재를 가시적으로 증명하고야 말겠다는 욕구가 낳은 음모이며 자신의 믿음과 다른 믿음을 그릇된 믿음으로 간주하고자 하는 마음이 빚어낸 음모론이다.

물론 미국이나 영국 등에서 사회 지도층 인사들 중 많은 사람들이 프리메이슨 회원인 것은 사실이다. 그리고 그들이 국가의 중요한 징치적 문제에 대해 서로 의견을 나누면서 정치적 영향력을 행사할 가능성은 충분히 있다. 심지어 정치적 이너서클의 역할을 할 개연성도 전혀 배제하지는 못한다. 더욱이 프랑스의 프리메이슨의 경우는 프랑스 대혁명을 거치면서 신비주의적 이상을 현실 정치에 적용한 전통을 갖고 있으며 지금도 정치적 성향을 분명히 갖고 있다. 하지만 그러한 정치적 성향은 프리메이슨 단의 기본 성격이 아니다. 만일 프리메이슨 단이 정치적 목적을 지니고 결성된 조직이며 그 목표를 향해 나아가고 있었고 또 지금도 그러하다면 그 생명은 그리 길지 못했을 것이다. 우리는 프리메이슨의 역사가 인류의 역사와 함께 할 정도라는 이야기를 이미 하지 않았던가? 그리고 그 핵심에는 우주 창조의 비밀을 알고 싶다는, 그 신비의 순간에 동참하고 싶다는 인간의 열망이 존재한다고 이미 말하지 않았는가? 비록 그 비밀의 의미는 바뀌어 왔는지 몰라도 그 열망은 인간이 존재하는 한 여전하다. 프리메이슨 단이 숱한 역사적 굴곡과 의혹을 무릅쓰고 계속 존속해올 수 있었고 지금도 존속할 수 있게 해주는 비결은 바로 그 비밀에 있다. 그리고 그 비밀을 향한 인간의 꿈에 있다.

프리메이슨 비밀의 역사

펴낸날	초판 1쇄 2009년 12월 7일
	초판 6쇄 2021년 3월 5일

지은이	진형준
펴낸이	심만수
펴낸곳	(주)살림출판사
출판등록	1989년 11월 1일 제9-210호

주소	경기도 파주시 광인사길 30
전화	031-955-1350 팩스 031-624-1356
홈페이지	http://www.sallimbooks.com
이메일	book@sallimbooks.com

ISBN	978-89-522-1300-6 03900

※ 값은 뒤표지에 있습니다.
※ 잘못 만들어진 책은 구입하신 서점에서 바꾸어 드립니다.

책임편집 김다니엘